Aprendizaje-servicio: pasaporte para un futuro mejor

— *Colección INNTED* —

Aprendizaje-servicio: pasaporte para un futuro mejor

Coordinadores

Óscar Chiva-Bartoll
Marc Pallarès-Piquer

Autores
(por orden de aparición)

Joan A. Traver Martí
Auxiliadora Sales Ciges
Odet Moliner García
Enrique Rivera García
Mónica Sánchez López
Javier Giles Girela
Celina Salvador-García
María del Carmen Medina González
Jesús Gil-Gómez
Pedro Jesús Ruiz-Montero
Ricardo Martín-Moya
María Santágueda-Villanueva
Adolfo Millán Fernández
José Manuel Aguilar García
Sergio Ferrando Felix
Juan Manuel Monfort Prades

EGREGIUS
ediciones

APRENDIZAJE-SERVICIO: PASAPORTE PARA UN FUTURO MEJOR

Ediciones Egregius
c/ Profesor Tierno Galván, 21, 41910 - Camas, Sevilla
www.egregius.es

Diseño de cubierta e interior: Francisco Anaya Benitez

1ª Edición. 2018

ISBN 978-84-17270-02-5

ÍNDICE

INTRODUCCIÓN
APRENDIZAJE-SERVICIO:
PASAPORTE PARA UN FUTURO MEJOR

Óscar Chiva-Bartoll
Universitat Jaume I de Castellón
Marc Pallarès-Piquer
Universidad Internacional de la Rioja y Universitat Jaume I

> *La educación no es preparación para la vida;*
> *la educación es la vida en sí misma.*
> *John Dewey*

Es ampliamente aceptada la idea de que la educación de hoy en día debe trascender el componente cognitivo que tradicionalmente ha justificado la configuración de los currículos (Hirst, 1974; Hirst y Peters, 1970). Como consecuencia del desarrollo científico de los últimos siglos, una parte de la sociedad se ha visto beneficiada en términos de eficiencia y calidad de vida; no obstante, este avance no ha alcanzado a todos los sectores de la población, por lo que, si realmente queremos hablar de un verdadero avance social motivado por el conocimiento científico, el rumbo de la educación debe ser reconducido.

En este sentido, la educación actual, además de atender al desarrollo científico y técnico (eminentemente cognitivo) de la sociedad, debería tener en cuenta sustratos no menos importantes de índole ética y social. Sabemos que si la formación de nuestros/as jóvenes no apuesta decididamente por una orientación más sensible frente a los problemas sociopolíticos imperantes, el quehacer educativo continuará contribuyendo significativamente a perpetuar el modelo social hegemónico y, en consecuencia, a aumentar la desigualdad global.

Así, algunos de los desafíos que la educación debería asumir como suyos en los próximos años tienen que ver, entre otros, con la urgencia de asegurar un desarrollo sostenible, con la satisfacción de las crecientes necesidades básicas de muchos colectivos en riesgo de exclusión social y, en definitiva, con las legítimas aspiraciones de justicia social de toda la población planetaria. En este contexto, ¿Qué se podemos hacer los docentes? ¿Cómo podemos contribuir, desde el espacio educativo, a favorecer una formación que abogue por los intereses y necesidades de la sociedad? ¿Cómo podemos hacer de la escuela un escenario de debate y participación activa ante situaciones de injusticia social? ¿Qué podemos hacer para superar la tendencia de la enseñanza tradicional centrada en el aprendizaje memorístico de contenidos y con un fuerte enfoque reduccionista, acrítico y en muchas ocasiones descontextualizado?

Estas son algunas de las cuestiones que una educación que se precie de serlo debería abordar. ¿O..., acaso la acción de educar no contempla inevitablemente la responsabilidad de crear condiciones para que todos los seres humanos tengan una vida autónoma, digna y feliz? Es incuestionable que la educación actual debe aspirar, como mínimo, a formar ciudadanos/as capaces de tomar decisiones en un sistema político democrático, de tal modo que beneficien a la sociedad en su conjunto y no solo a sí mismos/as. Y es que, las decisiones, la conducta y la actividad humana, más aún si afectan a otros, deben estar sujetas al debate, la reflexión y el juicio crítico (Cortina, 2001, 2007).

Entre muchas opciones posibles para seguir la estela de una educación a la altura de los tiempos que corren, la elección metodológica es uno de los caminos abiertos para todos y cada uno de los docentes que aspiren a mejorar su praxis (Chiva y Martí, 2016). En esta línea, el presente libro recoge el guante mostrando una apuesta firme por un método pedagógico conocido como aprendizaje-servicio (ApS). El ApS incorpora a la educación una determinación de transformación social que le permite conectar con la sociedad y trabajar para resolver problemáticas sociales. A grandes rasgos, se concibe como un método pedagógico que propone al alumnado la posibilidad de aprender a la vez que presta un servicio social (Gil, 2012; Gil, Moliner, García y Chiva, 2016; Pallarès y Chiva, 2017). No obstante, por tratarse de un concepto que encierra un fenómeno educativo ciertamente complejo, puede ser conveniente revisar diferentes definiciones de referencia con el objeto de delimitar a qué nos referimos cuando hablamos de ApS.

Fundamentado en la teoría del aprendizaje experiencial de Dewey (1938), el ApS se concibe como un método pedagógico que trata de respetar una conexión auténticamente operativa entre la teoría y la práctica, facilitando al alumnado la posibilidad de aprender a la vez que presta un servicio social. De este modo el ApS promueve aprendizajes experienciales que, además, se ven reforzados por un importante componente de reflexión y crítica sobre las experiencias vividas (Domangue y Carson, 2008). Desde esta concepción, el ApS se apoya indiscutiblemente en la idea de Kolb (1984) de que el aprendizaje debe producirse en escenarios que sitúen al alumnado en situaciones y contextos conectados con su entorno cultural y social. De manera que, inevitablemente, su aplicación conlleve aparejada una praxis educativa instalada en situaciones y acontecimientos reales, procurando dar significatividad y genuinidad a los aprendizajes alcanzados (Pallarès y Chiva, 2017).

Entre las principales definiciones destacan las de autores internacionales como Furco (2002), o Furco y Billig (2002), quienes lo definen como un modelo pedagógico protagonizado tanto por los estudiantes que ofrecen el servicio como por los colectivos sociales que lo reciben. Según estos autores el ApS persigue la aplicación de las competencias y la comprensión de los contenidos curriculares en contextos reales, de manera experiencial y con el objetivo de ofrecer un beneficio social. En la misma línea, para Eyler y Giles (1999) el ApS se concibe como una forma de educación basada en la experiencia, en la que el proceso de aprendizaje se basa en un ciclo de acción y reflexión en los que el alumnado aplica lo que aprende ante necesidades sociales reales. Finalmente, para otra autora de referencia como Maria Nieves Tapia (2008), fundadora y directora del Centro Latinoamericano de Aprendizaje y Servicio Solidario, el ApS hace referencia a una metodología de enseñanza-aprendizaje que permite al alumnado implicado desarrollar conocimientos y competencias mediante la prestación de un servicio a colectivos en riesgo o en situación de exclusión social.

A nivel estatal, referentes españoles como Puig, Batlle, Bosch, y Palos (2007) lo conciben como una propuesta pedagógica que, fiel al nombre que recibe, combina procesos de aprendizaje y servicio a la comunidad. Por su parte, Batlle (2011) apunta que esta metodología va más allá, ya que pretende formar personas críticas y consecuentes con la sociedad y la realidad en la que viven, al tiempo que ofrecen un servicio a la comunidad. Del mismo modo, Martínez (2008) se refiere al ApS en términos de propuesta educativa que implica la cooperación entre los estudiantes y los miembros de una comunidad. Finalmente, rescatamos la visión de Rodríguez-Gallego (2013) quien indica que "se trata de una forma de educación experiencial en la que los estudiantes se comprometen a realizar actividades de ayuda a la comunidad al tiempo que se les facilita aprendizaje de una asignatura y el desarrollo de competencias profesionales "(pp. 96).

Si profundizamos sobre su concepción, dependiendo del enfoque y de las aspiraciones pedagógicas de fondo, puede incluso hablarse de diferentes concepciones o formas de entender el ApS (Morton, 1995). Desde nuestro punto de vista, expuesto en Chiva y García-Puchades (2017 en prensa), "cualquier ApS contendría una componente transformadora que oscilaría de manera gradual entre un extremo poco transformador y otro muy transformador de acuerdo a cómo afectara a los discursos, prácticas y relaciones de los agentes implicados (Kemmis y McTaggart, 1988). En el extremo menos transformador del continuo incluiríamos aquellos ApS asistenciales, caracterizados por la bibliografía existente por favorecer un cambio en las actitudes prosociales del alumnado que lo realiza (Astin y Sax, 1998; Densmore, 2000; Eyler y Giles, 1999; Kezar, 2002); y en el extremo más transformador incluiríamos los ApS críticos, caracterizados por la bibliografía existente como aquellos que no solo producen cambios individuales, sino que transforman, en mayor o menor medida, aquellas estructuras que legitiman las desigualdades sociales (Rhoads, 1997; Rice y Pollack, 2000; Rosenberger, 2000)".

Atendiendo a los diferentes planteamientos y formas de hacer, la presente obra aglutinará una serie de contribuciones de ApS que presentan iniciativas, propuestas y reflexiones sobre experiencias e investigaciones relevantes para el ejercicio de una educación que, en última instancia, aspira al fomento de la ciudadanía crítica y de la justicia social. El texto abarcará distintos ciclos y niveles educativos, entendiendo que todas las etapas son igual de importantes y necesarias para formar personas capaces de ejercer una ciudadanía plena, participativa y crítica, suponiendo el ApS un método pedagógico que persigue la transformación social al plantear nuevos desafíos educativos.

El primer capítulo es producto de una interesante apuesta de los profesores del Grupo de Investigación MEICRI (Mejora educativa y ciudadanía crítica), de la Universitat Jaume I de Castellón, Joan A. Traver, Auxiliadora Sales y Odet Moliner, en la que se aborda el Diagnóstico Social Participativo (DSP) como elemento facilitador de la implicación comunitaria en el ApS. Esta propuesta es altamente enriquecedora en tanto que, a través de un estudio de caso, se aportan claves para la utilización de técnicas de DSP, con el objetivo de facilitar la construcción de una mirada comunitaria que favorece el nexo escuela-territorio. La experiencia, que pone sobre la mesa las posibilidades de la participación dialógica en el análisis del contexto comunitario, se adentra en el camino de la Investigación Acción Participativa, utilizando técnicas y herramientas cualitativas de recogida y análisis de la información.

Desde la Universidad de Granada, Enrique Rivera, Mónica Sánchez y Javier Giles comparten una experiencia de ApS construida sobre los cimientos de la Tertulia Dialógica Corporal en el seno de las Comunidades de Aprendizaje (CdA). Concretamente, la aplicación de esta experiencia de ApS se desarrolla en el ámbito universitario, centrado en la Didáctica de la Educación Física y teniendo como colectivo receptor a alumnado de sexto de educación primaria. Las CdA se definen sintéticamente como actuaciones educativas que persiguen la transformación social y cultural de los centros educativos y de su entorno, a través del aprendizaje dialógico y de un enfoque participativo y comunitario de la educación (Valls, 2000). En este escenario, el capítulo expone una serie de actuaciones llevadas a cabo sobre el alumnado de un centro granadino con grandes diferencias de carácter cultural, étnico y social. La experiencia apuesta por un giro dialógico (Flecha,

Gómez & Puigvert, 2001), que en los últimos tiempos impregna los diferentes ámbitos e interacciones interpersonales. En particular, las sesiones fueron vehiculadas a través de Tertulias Dialógicas Corporales que hicieron reflexionar al alumnado, aspirando en última instancia a fomentar el diálogo, generar espacios de inclusión y favorecer un ambiente de respeto mutuo y participación democrática.

A continuación, Celina Salvador, María del Carmen Medina, Jesús Gil y Pedro Ruiz exponen en el siguiente capítulo una pequeña investigación sobre la aplicación de ApS universitario en niños/as con Autismo de Alto Funcionamiento, centrada en conocer la percepción que tienen sus progenitores en calidad de receptores del servicio. Además de desvelar una interpretación del ApS universitario como clave docente de responsabilidad social universitaria, esta propuesta emerge con el doble objetivo de conocer, por una parte, el nivel de satisfacción de los padres respecto al trabajo realizado con los más pequeños/as y, por otra parte, detectar posibles vías de mejora. En particular, el capítulo explica cómo un grupo de alumnado con Autismo de Alto Funcionamiento participa como receptor de un servicio prestado por estudiantes del grado de maestro/a, mediante un programa vehiculado a través de la actividad física y los juegos motores.

Siguiendo con el ApS universitario, pero poniendo el foco en un colectivo receptor totalmente distinto, Celina Salvador, Ricardo Martín y Pedro Ruiz explican en el cuarto capítulo la importancia de atender los factores psicosociales en personas mayores que reciben ApS basado en la práctica de ejercicio físico. Específicamente, este planteamiento cobra sentido en la demanda social de los colectivos de adultos mayores, que en los tiempos que corren ponen un fuerte acento en la necesidad de salvaguardar su bienestar físico y emocional. El envejecimiento es un fenómeno que, más allá de acarrear aspectos biológicos, atañe a dimensiones afectivas, sociales y culturales. Atendiendo a esta realidad, el capítulo describe algunas consideraciones a tener en cuenta para la creación y planificación de programas de ApS basados en el ejercicio físico y la educación permanente, dirigidos por universitarios y destinados a adultos mayores.

En conexión con el colectivo que protagoniza el anterior capítulo, pero desde un enfoque distinto, Celina Salvador, María Santágueda, Jesús Gil y Ricardo Martín narran una experiencia de ApS universitario en centros de Formación de Personas Adultas. Dicha experiencia parte de un proyecto de investigación desarrollado por el grupo de investigación ENDAVANT (Enfocament de la diversitat com un avantatge) de la Universitat Jaume I de Castellón, centrado en una aplicación de ApS realizada por estudiantes del grado de Maestro/a en Educación Primaria. Dicha propuesta, ejecutada a través de la modalidad de servicio directo, ha radicado en ofrecer alternativas docentes innovadoras a centros de Formación de Personas Adultas, con el objetivo de mejorar conjuntamente la acción educativa en grupos de alfabetización y neolectores, compuestos mayoritariamente por personas de edad avanzada. El capítulo se articula en torno a la descripción de los procesos de investigación-acción llevados a cabo en los centros, enfocados en cada caso a detectar y diagnosticar determinados espacios de mejora, reflexionar sobre ellos, diseñar los correspondientes planes de acción, aplicarlos y evaluarlos de manera participativa durante y al final del proceso.

Por otra parte, con la mirada puesta en la formación profesional, Adolfo Millán y José Manuel Aguilar relatan una investigación sobre el impacto y beneficio del aprendizaje-servicio en la autoestima del alumnado de Formación Profesional Básica (FPB) de Informática. El proyecto de ApS puso en contacto a alumnado que no había logrado superar la educación secundaria y que presentaba niveles de autoestima bajos (quienes actuaron como ejecutores del programa), y a un grupo de personas mayores cercanas al contexto educativo (como receptores). Dicha aproximación, centrada en el objetivo de enseñar a personas mayores a instalar y utilizar aplicaciones móviles y programas de ofimática, supuso un reto en distintas dimensiones tales como la comunicación, la empatía y puesta en común de intereses, entre otras.

De la mano de Sergio Ferrando, el séptimo capítulo relata una experiencia investigada de ApS en una escuela rural. Con esta aplicación el autor obtuvo el Premio RAGALO-2017 al mejor proyecto de ApS en Ciencias Sociales de la Universitat de Valencia. El trabajo se construye a partir de un modelo de investigación colaborativa en el que participaron alumnos/as, maestros/as, vecinos/as, voluntarios/as, etc., unidos por la voluntad de asegurar la supervivencia de la Escuela Pública de Fortaleny. El objetivo radicó en dar a conocer, a través de un ApS en modalidad denuncia, las virtudes de la escuela rural de Fortaleny; siendo una de las principales conclusiones de la investigación que dicha escuela rural cuenta con una serie de elementos (ratio, agrupaciones multigrado, enseñanza cercana e individualizada, enfoque pedagógico global, etc.) que la dotan de grandes posibilidades educativas y la hacen merecedora no solo de ser tratada de igual a igual con el resto de modelos escolares sino de erigirse como un modelo pedagógico a seguir.

Por último, mostrando las posibilidades del ApS en la educación secundaria, Juan Manuel Monfort comparte una experiencia de ApS desde el área de psicología en educación secundaria. Una aplicación de ApS que involucra y relaciona a alumnado de bachillerato con alumnado de educación infantil, tratando de generar espacios formativos dentro de la propia estructura de la educación formal para reforzar, atendiendo a los contenidos curriculares propios del alumnado que aplica el ApS, determinados lazos comunitarios, el conocimiento recíproco entre alumnado de las diferentes etapas implicadas y la sensibilización ante la importancia de la educación y sus complejidades.

En definitiva, tenemos muchas esperanzas depositadas en que bien la obra en su conjunto o bien algunos de los distintos capítulos en particular, estimulen y sirvan de inspiración para aquellos/as docentes interesados en compartir a través del ApS un modelo educativo enfocado al compromiso, la transformación y la justicia social.

Referencias bibliográficas

Astin, A. W. y Sax, L. J. (1998). How undergraduates are affected by service participation. *Journal of College Student Development, 39*(3), 251-263.

Batlle, R. (2011). ¿De qué hablamos cuando hablamos de Aprendizaje-Servicio? *Crítica, 972*, 49-54.

Chiva, O. y García-Puchades, W. (2017 en prensa). Educación física y aprendizaje-servicio: un enfoque pedagógico crítico y experiencial. En D. Martos y E. Lorente (Coords.) *Educación física crítica* (pp.00-00). Lleida: Universitat de Lleida.

Chiva, O. y Martí, M. (2016). (Coord.). *Métodos pedagógicos activos y experienciales. Conceptualización y propuestas de aplicación.* Barcelona: Graó.

Cortina, A. (2001). *El quehacer ético. Guía para la educación moral.* Madrid: Santillana

Cortina, A. (2007). *Ética de la razón cordial. Educar en la ciudadanía en el siglo XXI.* Oviedo: Ediciones Nobel.

Densmore, K. (2000). Service learning and multicultural education: Suspect or transformative? En C. R. O'Grady (Ed.) *Integrating service learning and multicultural education in colleges and universities* (pp. 45-58). Mahwah, NJ: Lawrence Erlbaum Associates.

Dewey, J. (1938). *Experience and education.* Nueva York: Macmillan.

Domangue, E. y Carson, R. L. (2008). Preparing Culturally Competent Teachers: Service-Learning and Physical Education Teacher Education. *Journal of Teaching in Physical Education, 27*(3), 347-367.

Eyler, J. y Giles, D. E. (1999). *Where's the learning in service-learning?* San Francisco: Jossey-Bass.

Flecha, R, Gómez, J. y Puigvert, L. (2001). Teoría sociológica contemporánea. Barcelona: Paidós.

Furco, A. (2002). Is service-learning really better than community service? A study of high school service program outcomes. En A. Furco, y S. H. Billig. *Advances in service-learning research: Vol. 1. Servicelearning: The essence of the pedagogy* (págs. 23–50). Greenwich, CT.

Furco, A. y Billig, S. H. (2002). *Service Learning. The essence of the Pedagogy*. Greenwich.

Gil, J. (2012*). El aprendizaje-servicio en la enseñanza superior: una aplicación en el ámbito de la Educación Física*. Tesis doctoral. Castellón: Universitat Jaume I.

Gil-Gómez, J., Moliner-García, O., Chiva Bartoll, O. y García López, R. (2016). Una experiencia de aprendizaje-servicio en futuros docentes: desarrollo de la competencia social y ciudadana. *Revista complutense de educación, 27* (1), 53-73.

Hirst, P.H. (1974). *Knowledge and the Curriculum*. London: Routledge & Kegan Paul.

Hirst, P.H. y Peters, R. S. (1970). *The Logic of Education*. London: Routledge & Kegan Paul.

Kemmis, S. y McTaggart, R. (1988). *Cómo planificar la investigación-acción*. Barcelona: Laertes.

Kezar, A. (2002). Assessing community service learning: Are we identifying the right outcomes? *About Campus*, 7, 14-20.

Martínez, M. (Ed.). (2008). Aprendizaje-servicio y responsabilidad social de las universidades. Barcelona: Octaedro.

Pallarès, M. y Chiva, O. (2017). *La pedagogía de la Presencia. Tecnologías digitales y aprendizaje-servicio*. Barcelona: Universitat Oberta de Catalunya.

Puig, J. M., Batlle, E., Bosch, C. y Palos, J. (2007). *Aprendizaje servicio. Educar para la ciudadanía*. Barcelona: Octaedro.

Rhoads, R. N. (1997). *Community service and higher learning: Explorations of the caring self*. Albany, NY: State University of New York Press.

Rice, K. y Pollack, S. (2000). Developing a critical pedagogy of service learning: Preparing self-reflective, culturally aware, and responsive community participants. En C. O'Gradi (Ed.), *Integrating service learning and multicultural education in colleges and universities* (pp. 115-134). Mahwah, NJ: Lawerence Erlbaum Associates.

Rodríguez-Gallego, M. R. (2013). El Aprendizaje-Servicio como estrategia metodológica en la Universidad. *Revista Complutense de Educación*. 25, 95-113.

Rosenberger, C. (2000). Beyond empathy: Developing critical consciousness through service learning. En C. R. O'Grady (Ed.), *Integrating service learning and multicultural education in colleges and universities* (pp. 23-43). Mahwah, NJ: Lawerence Erlbaum Associates.

Tapia, M. N. (2008). *La solidaridad como pedagogía*. Buenos Aires: Criterio. The Design Recuperado de http://www.designbasedresearch.org/reppubs/DBRC2003.pdf

Valls, R. (2000). *Comunidades de Apdendizaje. Una práctica educative de aprendizaje dialógico para la sociedad de la información*. Barcelona: Universidad de Barcelona.

CAPÍTULO I

EL APRENDIZAJE-SERVICIO DESDE UNA ORIENTACIÓN SOCIOCOMUNITARIA[1]

Joan A. Traver Martí
Universitat Jaume I, España

Auxiliadora Sales Ciges
Universitat Jaume I, España

Odet Moliner García
Universitat Jaume I, España

Resumen

La metodología del aprendizaje servicio ofrece oportunidades únicas para articular propuestas educativas que conectan a la escuela con su territorio. Pero para ello es necesario realizar un cambio de mirada sobre el currículum escolar, sobre cómo se genera y se gestiona. En este trabajo presentamos una experiencia de Aprendizaje Servicio en la que hemos utilizado técnicas de Diagnóstico Social Participativo con el objetivo de facilitar la construcción de una mirada comunitaria que favorezca el nexo escuela-territorio. Metodológicamente se ha trabajado siguiendo las pautas de la Investigación Acción Participativa utilizando técnicas y herramientas cualitativas de recogida y análisis de la información. Como principales resultados de la experiencia destacamos la relevancia que el DSP ha tenido para el diseño y puesta en marcha de un proceso deliberativo de la comunidad educativa capaz de propiciar el análisis crítico de la realidad del centro y su territorio y la selección y priorización comunitaria de las propuestas de ApS. Además, las técnicas de DSP han propiciado un proceso inclusivo de participación democrática que ha facilitado la implicación de todos los sectores de la comunidad educativa del centro, en especial, del alumnado. De esta manera, el ApS profundiza en su dimensión comunitaria y territorial. Abre las posibilidades y potencialidades de sus propuestas a todos los sectores de su comunidad al participar de manera dialógica en el análisis del contexto comunitario propiciando el compromiso en su desarrollo, transformación y mejora.

Palabras claves

Aprendizaje-servicio, educación inclusiva, diagnóstico social participativo, investigación-acción, aprendizaje colaborativo.

---

[1] Este trabajo se enmarca en el proyecto I+D+I financiado por el Ministerio de Economía y Competitividad y el Fondo Europeo de Desarrollo Regional (FEDER), con referencia EDU2015-68004-R (MINECO/FEDER, UE)

Introducción

"Todo lo que sabemos lo sabemos entre todos"
Antonio Machado

Entender la educación como factor clave para la transformación y la mejora social pasa, necesariamente, por otorgar a la escuela un papel central en cualquier proyecto de emancipación cultural y ciudadana. Una escuela al servicio de la justicia social parte de una concepción de la enseñanza como cuestión publica (Oliver, 1998; Larrauri, 2012). Desde los planteamientos derivados del modelo moral de democracia (Carr, 1991), este tipo de escuela queda enmarcada por procesos orientados a la transformación y la mejora social. Una escuela democrática permite vivir la democracia activamente (Apple y Beane, 1997) y en ella el profesorado se concibe como un investigador comprometido que trabaja de manera coordinada con otros agentes comunitarios en la identificación, análisis y solución de los problemas de su entorno (Gale y Densmore, 2007). Esto supone otorgar un papel de activismo político al profesorado y a las comunidades. El debate se tiene que abrir desde el centro educativo para concienciar a toda la comunidad de las actitudes y prácticas excluyentes que subyacen tanto en la propia formación del profesorado como en el currículum, en la elaboración y presentación de los materiales y recursos, en la distribución de expectativas de éxito escolar y social, en la evaluación y control de los resultados, en el lenguaje empleado o en los valores y actitudes que se favorecen en la escuela.

Desde estos presupuestos, la escuela democrática debe avanzar hacia la implicación de toda la comunidad educativa en la gestión del centro, en el desarrollo de las actividades de aprendizaje y en su implicación en la vida comunitaria. Una escuela incluida en su territorio debe posibilitar el acceso igualitario a una formación de calidad, que prepare para la participación democrática en un mundo complejo, diferenciado y asincrónico (McCarthy, 1994; Abdallah-Pretceille, 2001; Magro, 2013). Uno de los factores clave que permiten avanzar hacia este modelo de escuela es la participación ciudadana (Ainscow, 2001; Arnaiz, 2003; Essomba, 2006; Lozano, Cerezo y Angosto, 2011; Stainback y Stainback, 1999). Pero para garantizar una participación democrática resulta necesario formar ciudadanos y ciudadanas críticos. Para Gimeno Sacristán (2001) las nuevas formas de entender la ciudadanía implican nuevas esferas de decisión que es necesario democratizar mediante la participación ciudadana. De ahí que formar ciudadanos y ciudadanas críticos asuma y legitime la función globalizadora mas universal de un proyecto pedagógico que parte del dialogo democrático, la participación igualitaria y comprometida con la transformación social (Elliott, 2011). Ejercer la ciudadanía crítica en el ámbito educativo debe significar sentirse acompañado por la comunidad educativa en la renegociación de significados y en la planificación de acciones para mejorar la realidad.

La metodología del aprendizaje servicio (ApS) ofrece oportunidades únicas para articular propuestas educativas que conectan a la escuela con su territorio. Pero para ello es necesario realizar un cambio de mirada sobre el currículum escolar, sobre cómo se genera y se gestiona. Un cambio que, como señala Gijón (2009), se establece cuando entendemos que somos capaces de analizar críticamente nuestra realidad para realizar una contribución positiva a su transformación y mejora. Y, en este sentido, se hace radicalmente imprescindible armar una mirada comunitaria que ponga en valor lo dicho por Antonio Machado cuando nos recuerda que todo lo que sabemos lo sabemos entre todos y todas.

La metodología del ApS resulta apropiada para profundizar en las posibilidades que el currículum escolar nos ofrece para conectar a la escuela con las necesidades del medio que la envuelve. Como señalan Francisco, Nos y Moliner (2011), existe consenso en destacar dos componentes básicos de la APS: por una parte, el aprendizaje eficaz y de calidad de contenidos conceptuales, procedimentales y actitudinales ligados al currículo. Por la otra, el servicio que desemboca en la transformación de la comunidad. Las opciones que nos ofrece esta apuesta educativa para revitalizar la escuela, para abrirla y conectarla a su territorio, para que el alumnado encuentre sentido a los aprendizajes escolares desde su dimensión más social e implicativa, son realmente potentes y relevantes. De hecho, al centrar su estrategia en el aprendizaje cooperativo da protagonismo al alumnado en la planificación y desarrollo del servicio-aprendizaje. Como señala Rubio (2009, p. 100), "desde los proyectos de aprendizaje servicio, los alumnos deben analizar el contexto comunitario en el que viven y comprometerse en su desarrollo, transformación y mejora". Junto con el profesorado y en colaboración con la institución, colectivo o agentes territoriales con los que llevar a término el servicio, adaptan el currículum escolar a su propuesta de intervención en la comunidad, de manera que permita vincular sus necesidades de aprendizaje más académicas con las necesidades sentidas por el territorio. Los beneficios de esta opción educativa tanto para el propio alumnado como para el contexto social, están sobradamente reseñados en las investigaciones educativas realizadas en este campo (Tapia, 2006; Eyler-Giles, 1999; Gijón, 2009; Martínez, 2010; Puig et al, 2009; etc.). Está experiencia educativa descansa, mayoritariamente, sobre el buen hacer y el liderazgo que en este tipo de propuestas asume el profesorado. Al mismo tiempo, abre las puertas a la participación del alumnado en la gestión del currículum escolar y conecta sus propuestas con las de su comunidad.

Las técnicas del Diagnóstico Social Participativo (DSP) provienen de la intervención sociocomunitaria y llevan la participación ciudadana implícita en su uso. En relación con las metodologías de investigación participativa su utilización como herramientas para el análisis de la realidad social pretende fomentar la participación ciudadana y el desarrollo comunitario. El objetivo principal del DSP es facilitar espacios de reflexión colectiva que conduzcan a compartir objetivos e iniciar procesos crecientes de participación-acción (Lobillo, 2002). Mediante las técnicas de diagnóstico participativo se realizan acciones orientadas al fortalecimiento de la organización a través de la participación de sus miembros, el análisis y reflexión de los problemas y la búsqueda de posibles soluciones, formulando estrategias o planificando acciones (Moliner, 2012). De esta manera, se convierte en una herramienta que ofrece el poder a los participantes, posibilitando la toma de conciencia critica y emancipadora de la propia realidad, como condición previa para su transformación (Aguirre, Moliner y Traver, 2017).

Martínez (1995) expone que el DSP está formado por las siguientes características: los miembros de la comunidad son los que identifican sus necesidades, analizan las causas y efectos de sus problemas y determinan las fortalezas y debilidades para la búsqueda de soluciones. Desde este punto de vista, las técnicas de DSP se convierten en una herramienta propicia para profundizar de manera crítica e implicativa en los vínculos que se establecen entre la escuela y su comunidad, facilitando la participación democrática de la comunidad a la hora de enriquecer y dar sentido a las propuestas educativas de la escuela. Esta dinámica permite que quienes participan puedan probar su propia capacidad de producir y ejecutar sus ideas, criterios o acciones, y que esta capacidad pueda crear un proceso colaborativo y organizativo permanente en el tiempo. Conecta así con una de las dimensiones básicas del ApS, el aprendizaje cooperativo. Para que esto sea posible han de promover el diálogo y la discusión desde la comunicación horizontal y el estímulo del potencial crítico y creativo de los participantes, empoderando y dando visibilidad a las voces más silenciadas (en nuestro caso la del alumnado). La comunidad comparte los saberes y las experiencias, desde el principio hasta el final del proceso, participando en la recogida y al análisis de la información, así como la identificación del problema y en la priorización de la toma de decisiones sobre la forma de abordar el cambio.

De entre las diferentes técnicas de DSP, en el presente trabajo nos hemos centrado en el uso de varias de ellas para dinamizar mediante la participación democrática de la comunidad las propuestas de ApS. En concreto, la experiencia realizada centra su análisis en las fases de detección, análisis y priorización de las necesidades. El mapeo social o cartografía escolar (Lozano, Traver y Sales, 2016; Rubio y Varas, 1997) y en la técnica de la *photovoice* (Wang, 1999) nos han permitido trabajar el diagnóstico y la detección de las necesidades para identificar diferentes temáticas-servicio relevantes para la comunidad. Finalmente, la rueda socrática (Chevalier, Buckles y Bourassa, 2013) nos ha facilitado una estrategia deliberativa para realizar el análisis y la priorización, de manera deliberativa y razonada, de las propuestas de acción-servicio derivadas de las dos fases anteriores.

Objetivo general y preguntas de investigación

El objetivo general de la investigación en la que se enmarca este trabajo consiste en la planificación, puesta en marcha y análisis comunitario de prácticas educativas curriculares vinculadas con el territorio mediante procesos de Investigación-Acción Participativa (IAP). Al mismo tiempo, la utilización de técnicas de DSP ha ido orientada a facilitar la participación democrática de la comunidad educativa en la planificación, diseño, implementación y valoración de dichas prácticas curriculares, siguiendo las pautas del ApS. Partiendo de estos presupuestos, las dos preguntas que orientan el trabajo de investigación que presentamos son las siguientes:

–¿El DSP puede facilitar una mayor implicación y toma de conciencia en la planificación del ApS por parte de la comunidad educativa?

–¿Las técnicas de DSP pueden facilitar una mayor vinculación de la escuela con el territorio en el uso del ApS?

Método

Nuestra investigación se enmarca dentro del paradigma crítico en educación y tiene como objetivo la transformación y mejora de la realidad estudiada. En el caso que presentamos se centra en el análisis y mejora de las prácticas educativas que se diseñan y realizan en la escuela con el propósito de analizar y reflexionar sobre problemas prácticos educativos que vinculan la escuela y su territorio, tomar decisiones fundamentadas en estos análisis y desarrollar procesos compartidos de innovación. No existe una finalidad descriptiva e interpretativa de la realidad en sí misma, sino que se pretende aportar información que guíe la toma de decisiones y los procesos de cambio para mejorar la práctica educativa, basados en la participación democrática de la comunidad educativa. Partimos, por tanto, de las necesidades del contexto escolar y sociocomunitario, y pretendemos propiciar una mejora educativa real, dentro de la propia realidad objeto de estudio.

Metodológicamente se ha trabajado siguiendo las pautas de la Investigación Acción Participativa (IAP) (Alatorre, 2014; Alberich, 2008; Bartolomé y Acosta, 1992; Jociles y Poveda, 2014; Kemmis, 2006; O'Hanlon, 2003; Villasante, Montañés y Martí, 2000; etc.), utilizando técnicas y herramientas cualitativas de recogida y análisis de la información. Estas herramientas nos han permitido realizar la recogida de datos para profundizar en la comprensión de la realidad educativa estudiada. Si pasamos a listar las técnicas utilizadas tenemos las siguientes: observación participante, diario de investigación, grupo de discusión y análisis documental. Para la reducción y análisis cualitativo de los datos, hemos optado por realizar un análisis categórico temático mixto (deductivo-inductivo), a partir de las categorías seleccionadas desde los presupuestos teóricos del trabajo y las categorías emergentes en el análisis de los datos. Para llevar a cabo este propósito mediante las estrategias de reducción, codificación y ordenación de la información, nos hemos ayudado de los programarios informáticos Atlas-ti y del Cmap Tools.

Las razones de optar por la IAP como herramienta de investigación y mejora, tienen que ver con las potencialidades que esta metodología de trabajo atesora para propiciar el cambio y la mejora educativa y social, mostrándose coherente con los propósitos de este trabajo. Entre sus características podemos destacar que se trata de una metodología colaborativa, que crea comunidades autocríticas, permite implementar procesos sistemáticos de aprendizaje, propicia una mayor concientización de la realidad al analizar nuestros juicios y nuestras acciones y, finalmente, implica cambios que transforman las personas y sus contextos.

El trabajo se ha realizado en una escuela rural (Colegio Rural Agrupado), integrada por dos grupos escolares pertenecientes a dos pequeños pueblos rurales, vecinos de la provincia de Valencia (España): Benavites y Quart de les Valls. El contexto social objeto de nuestro estudio está formado por los miembros de la comunidad educativa del centro (alumnado, profesorado y familias) y los del territorio (los municipios: administración local, asociaciones cívicas, etc.).

Resultados

Los resultados de la investigación destacan la importancia que las técnicas de DSP han tenido para profundizar en los vínculos entre la escuela y su territorio, a partir del desarrollo de procesos democráticos de participación de la comunidad educativa. En el trabajo que presentamos, hemos focalizado nuestro análisis en las fases de análisis y detección de necesidades y de priorización de las propuestas. Para ello, hemos utilizado las técnicas del mapeo social y la *photovoice* para dinamizar la participación comunitaria en el diagnóstico y detección de necesidades sociales que vinculan el currículum escolar con los intereses del territorio. En primer lugar, se realizó una cartografía del territorio en la que participaron todos los sectores de la comunidad educativa del centro (alumnado, profesorado, familias, vecindario y agentes territoriales y administración local). A través de una sencilla consigna y mediante pegatinas identificativas de cada colectivo, las personas participantes señalaban en el mapa del municipio aquellos lugares o instituciones en las que, desde su punto de vista y experiencia, se propiciaban encuentros y actividades con valor educativo para toda o parte de la comunidad. Posteriormente, en una pequeña entrevista describían y explicaban con mayor detalle las actividades y sitios identificados en el mapa. Como resultado final de este proceso se identificaron los lugares e instituciones del territorio que la comunidad educativa, de manera mayoritaria, señalaba como potencialmente sensibles para articular propuestas educativas que vincularan en sus propuestas de aprendizaje a la escuela con su territorio. Entre los diferentes espacios identificados podemos señalar el parque, el hogar de jubilados y el lavadero de Benavites o el observatorio, los pequeños comercios, el lavadero o el polideportivo de Quart de les Valls.

Una vez identificados estos puntos en el mapa, pasamos a realizar la detección de las necesidades vinculadas al servicio a la comunidad (ApS), mediante la técnica de la *photovoice*. Aprovechando la realización de una Jornada de convivencia del CRA, constituimos pequeños grupos mixtos de trabajo (que estuvieran formados al menos por representantes de los tres sectores nucleares de la comunidad educativa -alumnado, profesorado y familias-, y algún otro miembro del pueblo -vecindario o administración local-). Cada equipo, ataviado con un *smartphone* tenía la misión de acercarse de manera presencial o virtual (google maps) a uno de los sitios identificados en el mapa y, mediante la técnica del *photovoice,* atrapar con imágenes el motivo o tema de su propuesta de servicio (ApS) a realizar en ese sitio. Además, rellenaban una pequeña ficha técnica que recogía los datos básicos del equipo que hacía la propuesta de servicio, el tema, la descripción del posible servicio a realizar, su idoneidad y valor educativo y las imágenes que sustentaban la propuesta. Entre las diferentes propuestas es interesante resaltar alguna de ellas como la realizada entre el hogar de jubilados y el parque de Benavites para llevar a cabo un servicio basado en el intercambio de experiencias intergeneracionales o la del lavadero de Quart de les Valls en la que se planteaba un servicio de intervención plástica y mantenimiento del lugar con la intención de mejorar el espacio público y propiciar un mayor disfrute ciudadano.

Finalmente, mediante la técnica de la rueda socrática, pasamos a realizar el análisis y priorización de las propuestas de acción-servicio formuladas en la fase anterior. Para implementar esta técnica se realizó una jornada de trabajo en el CRA abierta a la participación de todos los sectores de la comunidad educativa. Se explicó la dinámica de trabajo y se realizaron grupos de discusión mixtos (alumnado, familias, profesorado, vecindario/agentes territoriales/administración local), que dinamizados por miembros del equipo investigador pasaron a realizar el análisis deliberativo de las propuestas y, en base a esta deliberación de grupo, a formular su priorización en la plantilla de la rueda socrática preparada para ello. Esta deliberación se concretaba en tres dimensiones que sustanciaban la calidad del vínculo educativo que la propuesta armonizaba entre la escuela y el territorio: contenido académico y curricular que contiene la propuesta, servicio a la comunidad que ofrece y viabilidad que entraña.

De esta manera, la utilización de las técnicas de DSP han permitido el diseño y puesta en marcha de un proceso deliberativo de la comunidad educativa capaz de propiciar el análisis crítico de la realidad del centro y su territorio y la selección y priorización comunitaria de las propuestas de ApS. Además, las técnicas de DSP han propiciado un proceso inclusivo de participación democrática que ha facilitado la implicación de todos los sectores de la comunidad educativa del centro, en especial, del alumnado. En este sentido, es necesario reseñar el importante papel que estas técnicas han jugado en el empoderamiento y visibilización de la voz del alumnado. En cada una de las técnicas utilizadas se ha tenido especial sensibilidad por parte de todas las personas participantes para garantizar y promover la participación activa del alumnado. Así, en las tres técnicas utilizadas, su voz ha estado presente en el desarrollo de cada una de ellas: identificando espacios comunitarios sensibles a la acción educativa en los mapas de la comunidad, proponiendo posibles propuestas de acción-servicio comunitario mediante la técnica de la *photovoice* y tutorizando a sus compañeros de equipo de trabajo respecto de lo que significa realizar el ApS (puesto que ya tienen algo de experiencia compartida en este campo) y, realizando valoraciones junto a los demás sectores de la comunidad educativa para realizar la priorización de las propuestas. Para garantizar su presencia y participación plena, en todas las técnicas se ha asegurado la participación de al menos dos o tres alumnos/as juntos/as, su voz se ha escuchado siempre en primer lugar y, además, previamente a su realización han tenido un breve espacio de tiempo en el que con la tutorización de un docente han articulado su voz de manera grupal.

De esta manera, el ApS profundiza en su dimensión comunitaria y territorial. Abre las posibilidades y potencialidades de sus propuestas a todos los sectores de su comunidad al participar de manera dialógica en el análisis del contexto comunitario propiciando el compromiso en su desarrollo, transformación y mejora. Como conclusión de todo ello, y tomando en consideración los resultados alcanzados, podemos contestar a las dos preguntas de investigación que nos planteábamos afirmando que:

- La utilización de técnicas de DSP facilita una mayor implicación y toma de conciencia en la planificación del APS por parte de la comunidad educativa.

- En las propuestas de ApS, el uso de las técnicas de DSP propician una mayor vinculación de la escuela con el territorio.

Discusión y conclusiones

Lo más destacable de las experiencias de APS, es la cantidad de aprendizajes relevantes que se generan al poner en relación el currículum escolar con las necesidades del territorio y procurar un servicio-aprendizaje en este sentido. Como afirman Carbonell y Carrillo (2008, p. 175), "se aprende de una nueva realidad, del grupo, de la propia persona. Porque despierta la curiosidades y la creatividad, más allá -mucho más allá- del currículo excesivamente encorsetado de los planes de estudio de Magisterio".

Como hemos podido observar, mediante el uso de las técnicas de DSP, el ApS profundiza en su dimensión comunitaria y territorial ya que:

- Abre las posibilidades y potencialidades de sus propuestas educativas (APS) a todos los sectores de su comunidad al participar de manera dialógica en el análisis del contexto comunitario propiciando el compromiso en su desarrollo, transformación y mejora. La utilización de técnicas de Diagnóstico Social Participativo en los contextos escolares, posibilita avanzar en este propósito (Castro et al., 2007; Aguirre, Sales y Escobedo, 2014). En nuestro caso, utilizamos el DSP como herramienta de transformación (Marchioni, 2001; Villasante, 1998) y también como instrumento de "concientización", que posibilita el empoderamiento ciudadano y la transformación social (Aguirre et al., 2017). Las fases de detección, análisis y priorización de las necesidades viene caracterizadas por el análisis crítico de la realidad observada. Las técnicas de DSP utilizadas en ellas ofrecen un contexto educativo idóneo para iniciar procesos de "concientización" (Freire,1974) de las personas participantes, al tomar conciencia crítica de la propia realidad con el ánimo de emprender acciones justas para su transformación y mejora. Permiten, desde una orientación comunicativa, realizar una discusión mediante la negociación y discusión horizontal de las interpretaciones de todas las personas participantes, orientadas por criterios de validez argumentativa y no por pretensiones de poder. Con ella los participantes se posicionan como dueños de su propia información, pudiendo realizar una reflexión crítica sobre la imagen construida con la información recogida con anterioridad.

- El objetivo principal de estas técnicas es facilitar espacios de reflexión colectiva para iniciar procesos crecientes de participación-acción comunitarios que incluyan detección de problemas y planificación de soluciones (Martínez 1995, Lobillo, 2002; Moliner, 2012). Estas dinámicas permiten que quienes participan puedan probar su propia capacidad de producir y ejecutar sus ideas, criterios o acciones y que esta capacidad pueda crear un proceso colaborativo y organizativo permanente en el tiempo. Para que esto sea posible han de promover el diálogo y la discusión desde la comunicación horizontal y el estímulo del potencial crítico y creativo de los participantes. Tras la reflexión sobre las propias prácticas es el momento de decidir en grupo cuáles son nuestras prioridades y qué elección realizamos para poder llegar a configurar un plan de acción. Mediante las dinámicas de DSP cada persona, de forma individual, y el grupo, de forma general, argumentará sus valoraciones en cuanto a las necesidades que han surgido. Mediante la técnica del *photovoice* (Wang, 1999) la comunidad captura y refleja a través de la fotografía las necesidades y sueños que persigue, realizando así una evaluación participativa de sus necesidades. Posteriormente, con la técnica de la rueda socrática (Chevalier et al., 2013), se promueve la reflexión crítica a través del diálogo en grupo a partir de las diferentes fotografías realizadas por los miembros de la comunidad. Es importante remarcar que el uso de las técnicas del DSP y, en concreto, el *photovoice y la rueda socrática,* facilitan la incorporación de todas las voces del grupo y, en concreto, la del alumnado.

-   Empodera y visibiliza las voces más silenciadas de la comunidad educativa: alumnado y familias. En estudios previos basados en el DSP, hemos observado que hay una voz que a menudo queda silenciada: la del alumnado. Para favorecer la creación de escuelas más democráticas y participativas es importante tener en cuenta su voz ya que aporta una visión más completa y compleja sobre la realidad vivida en las escuelas y las prácticas que en ellas desarrollamos. Desde estos planteamientos resulta apropiado destacar el estatus del alumnado como co-investigadores de las propuestas educativas (Traver, Sales y Moliner, 2010; Fielding, 2011; Rudduck y Flutter, 2007; Susinos, 2013; Messiou, 2013), objetivo irrenunciable de las propuestas de investigación participativa como la que se sustenta mediante los procesos de IAP (Alatorre, 2014; Alberich, 2008; Kemmis, 2006; O'Hanlon, 2003; Villasante, Montañés y Martí, 2000; etc.). Como señala Susinos (2012: 18), "preguntarnos por la voz de nuestros estudiantes tiene la capacidad de alimentar cambios importantes en la cultura de los centros, esto es, en las relaciones, en los flujos de poder y en las subjetividades de alumnos y profesores".

En un proceso democrático todos deben participar, no se debe excluir a nadie, todos deben tener voz y voto en la creación y recreación de la cultura y, por tanto, en el currículum que la explicita. No habrá interculturalidad ni inclusión hasta que los grupos y personas marginadas de esta participación puedan tomar parte en la toma de decisiones y en la transformación social y educativa que conllevan enfoques ideológicos como el intercultural e inclusivo (Oliver, 1998). La cultura colaborativa aumenta la autonomía de la comunidad educativa para gestionar el cambio hacia la idea de una escuela eficaz para todos y todas. Las personas implicadas mejoran sus habilidades para tomar decisiones pedagógicas complejas por lo que se convierten en protagonistas de los procesos decisorios escolares (Gale y Densmore, 2007). El paso de una cultura individualista a una cultura colaborativa tiene tres elementos clave que emergen del análisis de las experiencias de escuelas en transformación (Traver et al., 2010): asumir el proyecto como propio de toda la comunidad educativa; trabajar incluyendo todas las voces en su pluralidad y transparencia informativa y avance desde el disenso. Por ello, en la construcción de la ciudadanía crítica a través del desarrollo de una cultura colaborativa se enfatiza la importancia de aprender estrategias y tener recursos para facilitar la autoevaluación cooperativa y la toma de decisiones democrática. A partir de nuestra experiencia consideramos que, para que el cambio escolar se produzca realmente, las propuestas de aprendizaje que se articulan desde la escuela deben incluir desde el principio a las familias y entidades locales de la comunidad educativa. Es necesario hacerlos partícipes del proyecto y escuchar sus aportaciones, así como sus críticas.

Como investigación participativa, destacamos tres elementos clave para el desarrollo de prácticas educativas curriculares que vinculan a la escuela con el territorio: la participación democrática plena, el empoderamiento y visibilización de la voz del alumnado y la interconexión de saberes. Esta concepción del currículum asume los retos del pensamiento complejo que, como escenario, como contenido, como naturaleza y como proceso, da un nuevo impulso a la acción educativa (Morin, 1997). Se trata de impulsar desde las reflexiones y las prácticas un conocer para hacer, para innovar y repensar lo conocido entrelazando conocimiento humanístico y científico en la línea de la Educación para la Sostenibilidad promovida por las Naciones Unidas (Delors, 1996; McKeown, 2002; Moraes, 2010). En este sentido, la implementación de prácticas educativas curriculares que posibiliten una escuela incluida en su territorio, requiere una perspectiva comunicativa holística que aborde conceptos propios de los planteamientos dialógicos: negociación, participación, conflicto, contraste, integración y conciliación de contrarios, interacción creativa, cooperación, solidaridad y transformación (Freire, 1999; Traver, Sales y Moliner, 2010; Lozano, Francisco, Traver y García 2012). Todo ello, en consonancia con los presupuestos de una investigación-acción participativa implicada en el mestizaje de saberes científicos y ciudadanos que desde las propias dinámicas escolares compartan comunitariamente la construcción de una racionalidad teórico práctica para la mejora educativa (Kaplún, 2004).

Referencias bibliográficas

Abdallah-Pretceille, M. (2001). *La Educación Intercultural*. Barcelona: Idea Books.

Aguirre García-Carpintero, A., Moliner Miravet, L. y Traver Martí, J. A. (2017). Perdiendo miedos y ganando perspectiva: un estudio de caso sobre participación juvenil. *Athenea Digital*, 17(2), 237-263.

Aguirre, A.; Sales, A. y Escobedo, P. (2014). Construyendo la escuela intercultural inclusiva desde el diagnóstico social participativo. *Quaderns digitals*. XI Congreso Internacional, XXXI Jornadas de Universidades y Educación Inclusiva: La Escuela Excluida, 1-10. Recuperado de http://www.quadernsdigitals.net/index.php?accionMenu=hemeroteca.VisualizaArticuloIU.visualiza&articulo_id=11333

Ainscow, M. (2001). *Desarrollo de Escuelas Inclusiva. Ideas, propuestas y experiencias para mejorar las instituciones escolares*. Madrid: Narcea.

Alatorre, G. (2014). Investigación desde y para la acción transformadora: Metodologías participativas. En B. Ballesteros (Coord.), *Taller de investigación cualitativa* (pp. 103-132). Madrid: UNED.

Alberich, T. (2008). IAP; redes y mapas sociales: desde la investigación a la intervención social. *Portularia, 8(*1), 131-151.

Apple, M.W. y Beane, J.A. (comps.) (1997). *Escuelas democráticas*. Madrid: Morata.

Arnaiz, P. (2003). *Educación inclusiva en una escuela para todos*. Málaga: Aljibe.

Bartolomé, M. y Acosta, A.R. (1992). Articulación de la educación popular con la educación formal. Investigación participativa. *Revista de Investigación Educativa*, 20, 151-178.

Carbonell, J. y Carrillo, I. (2008). Prácticas de cooperación en planes de formación inicial. La educación en valores como vivencia. En M. Martínez (coord.), *Aprendizaje Servicio y responsabilidad social de las universidades (pp. 151-176)*. Barcelona, Educación Universitaria Octaedro/ ICE – UB.

Carr, W. (1991). Education for Citizenship. *British Journal of Educational Studies, 39(*4), 373-385.

Castro, P., Alarcón, M., Cavieres, H., Contreras, P., Inzunza, J., Marimbio, J., Palma, E. y Tapia, S. (2007). El diagnóstico participativo como herramienta metodológica en la asesoría educativa. *REICE. Revista Iberoamericana sobre Calidad, Eficacia y Cambio en Educación, 5*(5), 163-171.

Chevalier, J. M., Buckles, D. J. y Bourassa, M. (2013). *Guide de la recherche-action, la planification et l'évaluation participatives*. Ottawa: Dialogue.

Delors, J. et al. (1996). *La educación encierra un tesoro*. Madrid: Santillana.

Elliott, J. (2011). Educational Action Research and the Teacher. *Quaderns Digitals.net*. Congreso Internacional de Mejora Educativa y Ciudadanía Crítica, 69.

Essomba, M.A. (2006). *Liderar escuelas interculturales e inclusivas. Equipos directivos y profesorado ante la diversidad cultural y la inmigración*. Barcelona: Graó.

Fielding, M. (2011). La voz del alumnado y la inclusión educativa: una aproximación democrática radical para el aprendizaje intergeneracional. *Revista Interuniversitaria de Formación del Profesorado, 25*(1), 31-61.

Francisco, A., Nos, E. y Moliner, L. (2011). *Aprendiendo a transformar el entorno. El uso del aprendizaje Servicio en la educación superior*. Castelló de la Plana, Publicacions de la Universitat Jaume I.

Freire, P. (1999). *Pedagogía de la autonomía*. México: Siglo XXI.

Freire, P. (1974) *Concientización: teoría y práctica de la liberación. 3*. Ed. Bogotá: Asociación de Publicaciones Educativas.

Gale, T. y Densmore, K. (2007). *La implicación del profesorado. Una agenda de democracia radical para la escuela*. Barcelona: Octaedro, Colección Repensar la educación, núm. 26.

Gijón, M. (2009). Aprendizaje servicio y necesidades sociales. En J.M. Puig (coord.), *Aprendizaje servicio (ApS) Educación y compromiso cívico*. (pp. 53-70). Barcelona: Graó.

Gimeno Sacristán, J. (2001). *Educar y convivir en la cultura global*. Madrid: Morata.

Jociles, M. I. y Poveda, D. (2014). Anthropology and Ethnography of Education in Spain: Recent trends. *Jahrbuch für Europäische Ethnologie / European Ethnology Journal*, 9, 118 - 135. Recuperado de http://ldei.ugr.es/javiergarcia/wpcontent/uploads/2014/10/GarciaCastano2014a.pdf

Kaplun, G. (2004). *Indisciplinar la universidad*. Recuperado de http://www.wuranga.com.ar/

Kemmis, S. (2006). Participatory Action Research and the Public Sphere. *Educational Action Research, 14*(4), December, 459-476

Larrauri, M. (2012). *La educación según John Dewey*. Valencia: Tàndem.

Lobillo, J. (coord.) (2002). Experiencias de diagnóstico rural participativo. *Dossiers d'extensió universitària*, 2, UJI.

Lozano, M., Francisco, A., Traver, J. y García, R. (2012). Complejidad, educación y participación desde una perspectiva comunicativa. En L. García Areito, (Ed.), *Sociedad del conocimiento y educación* (pp. 79-86). Madrid: UNED.

Lozano, J., Cerezo, M. C. y Angosto, R. (2011). La incorporación de las familias extranjeras en los centros educativos: análisis de la realidad en la Región de Murcia. En F. Villalba y J. Villatoro (Eds.), *Prácticas en Educación: Educación Intercultural y Currículo* (pp.41-50). Vol. 3. Edición Digital: Prácticas en Educación

Lozano, M., Traver, J. A. y Sales, A. (2016). La escuela en el barrio. Cartografiando las necesidades de cambio socioeducativo. *Aularia*, 2(5), 13-20.

Magro, C. (2013). Educación Conectada: la escuela en tiempos de redes. En curso *Educación conectada: la escuela en tiempos de redes*, Bajo licencia Creative Commons. Recuperado de http://www.slideshare.net/

Marchioni, M. (2001). *Comunidad, participación y desarrollo*. Madrid: Ed. Popular.

Martínez, A. (1995). *El diagnóstico participativo: una herramienta de trabajo para las comunidades*. Costa Rica: Catie.

Martínez, M. (2010). *Aprendizaje servicio y responsabilidad social de las universidades*. Barcelona: Educación universitaria. Octaedro / ICE- UB.

McCarthy, C. (1994). *Racismo y Curriculum*. Madrid: Morata.

Mckeown, R. (2002). *Manual de Educación para el Desarrollo Sostenible*. Centro de Energía, Medio Ambiente y Recursos de la Universidad de Tennessee.

Messiou, K. (2013). El compromiso con la voz del alumnado: uso de un marco de trabajo para abordar la marginación en las escuelas. *Revista de Investigación en Educación, 11*(3), 97-108.

Moliner, L. (2012). *Proyecto investigador*. Universitat Jaume I (inédito).

Moraes, M. C. (2010). Transdisciplinariedad y educación. *Rizoma freireano*, 6. Recuperado de http://www.rizoma-freireano.org/index.php/transdisciplinariedad-y-educacion--maria-candida- moraes.

Morín, E. (1997). *Introducción al pensamiento complejo*. Barcelona: Gedisa.

O'Hanlon, C. (2003). *Educational Inclusion as Action Research: an interpretive discourse*. Buckingham: Open University Press.

Oliver, M. (1998) Una sociología de la discapacidad o una sociología discapacitada. En L. Barton (Comp.), *Discapacidad y sociedad* (pp. 34-58). Madrid: Morata.

Puig, J.M., Batlle, R., Bosch, C., Cerdá, M., Climent, T., Gijón, M., Graell, M., Martín, X., Muños, A., Palos, J., Rubio, L. y Trilla, J. (2009). *Aprendizaje servicio (ApS). Educación y compromiso cívico*. Barcelona: Graó.

Rubio, L. (2009). El aprendizaje en el aprendizaje servicio. En J.M. Puig (Coord.), *Aprendizaje servicio (ApS) Educación y compromiso cívico* (pp. 91-105). Barcelona: Graó.

Rubio, M. J. y Varas, J. (1997). *El análisis de la realidad en la intervención social*. Madrid: Ed. CCS.

Rudduck, J. y Flutter, J. (2007). *Cómo mejorar tu centro escolar dando la voz al alumnado*. Madrid: Morata.

Stainback, S. y Stainback, W. (2011). *Aulas inclusivas: Un nuevo modo de enfocar y vivir el currículo*. Madrid: Narcea (5a Edición).

Susinos, T. (2012). Las posibilidades de la voz del alumnado para el cambio y la mejora educativa. *Revista de Educación, 359*, 16-23.

Susinos, T. (2013). Desde el mismo lugar no vemos lo mismo. Investigar la participación de los estudiantes como un proceso multivocal. *Revista de Investigación en Educación, 11*(3), 120-132.

Tapia, M.N. (2006). *La solidaridad como pedagogía. El "aprendizaje-servicio" en la escuela*. Buenos Aires: Editorial Ciudad Nueva.

Traver, J. A., Sales, A. y Moliner, O. (2010). Ampliando el territorio: algunas claves sobre la participación de la comunidad educativa. *REICE, Revista Iberoamericana sobre calidad, eficacia y cambio en educación*, 8(3), 96-119. Recuperado de http://www.rinace.net/reice/numeros/arts/vol8num3/REICE,%20Vol8,num3.pdf

Villasante, T. R. (1998). *Cuatro redes para mejor vivir*, vols. I y II. Buenos Aires: Lumen.

Villasante, T. R., Montañés M. y Martí, J. (2000). *La investigación social participativa. Construyendo ciudadanía 1. El viejo topo*. España. Disponible en http: http://www.redcimas.org/wordpress/wp-content/uploads/2012/09/lcc1_investigacion_participativa.pdf

Wang, C. (1999). Photovoice: a participatory action research strategy applied to womwn's heath. *Journal of womens health*, 8(2). Recuperado de http://www.appalshop.com/assets/files/campaigns/culturalorganizingky/photovoice-strategy- womens-health.pdf

LAS TERTULIAS PEDAGÓGICAS APLICADAS AL ÁMBITO DE LA EDUCACIÓN FÍSICA. UNA PROPUESTA DESDE EL APRENDIZAJE-SERVICIO UNIVERSITARIO

Enrique Rivera García
Universidad de Granada, España

Mónica Sánchez López
Universidad de Granada, España

Javier Giles Girela
Universidad de Granada, España

Resumen

La investigación que se presenta está realizada con niños y niñas de sexto curso de Educación Primaria fomentando un aprendizaje dialógico especialmente diseñado para profundizar en aspectos valóricos. Se utiliza la metodología de la Tertulia Dialógica Corporal en el seno de las Comunidades de Aprendizaje aplicadas a la clase de Educación Física.

En dicha investigación, se van a determinar y razonar una serie de actuaciones llevadas a cabo por alumnos de diferentes culturas, etnias y condiciones sociales. Estas intervenciones han sido observadas en una sesión de Tertulia Dialógica Corporal en Educación Física en un centro público de Primaria de Granada. Se busca hacerlos reflexionar, dando soluciones a una serie de interrogantes y fomentando el diálogo, favoreciendo un ambiente de respeto donde todas las participaciones son escuchadas y discutidas.

Palabras clave

Comunidades de aprendizaje, educación física, tertulias dialógicas, aprendizaje dialógico, valores.

Introducción

Uno de los retos de la escuela actual es interesarse y atender la diversidad del alumnado por lo que es imprescindible estimular la participación, el diálogo y la libertad transformando nuestras aulas en centros inclusivos. El diálogo, por tanto, donde antiguamente era vetado, va ocupando cada vez más espacios en nuestra vida. Se puede observar en casa cuando las familias conversan para llegar a un acuerdo o en el colegio cuando se discute para resolver algo. Nos encontramos envueltos ante un giro dialógico (Flecha, Gómez y Puigvert, 2001) que afecta a todos los ámbitos de la sociedad, especialmente por la manera en cómo nos relacionamos los unos con los otros.

Como señalan Álvarez y Torras (2016) la mejora educativa es una de las principales preocupaciones para garantizar esta inclusión social y reducir así el porcentaje que sigue habiendo del abandono escolar temprano. Por ello, "nuestros alumnos se merecen sólo aquellas actuaciones que han demostrado ser eficaces a la hora de promover el éxito académico del alumnado y su máximo desarrollo en todos los niveles" (Álvarez y Torras, 2016, p.7). Las denominadas Comunidades de Aprendizaje se están mostrando eficientes en la tarea de acercar la escuela a la sociedad, así como en la superación del fracaso escolar y en el mejoramiento de la convivencia.

Cada vez más centros educativos deciden transformar su escuela en una comunidad de aprendizaje. Estas comunidades de aprendizaje tienen una serie de actuaciones que han sido reconocidas y estudiadas en el Proyecto INCLUD-ED (2009), además de considerado por la Comisión Europea (2011) como una de las mejores investigaciones científicas llevadas a cabo en Ciencias Sociales. Así mismo, ha identificado y analizado las actuaciones educativas de éxito (AEE) que desarrollan las Comunidades de Aprendizaje (CdA). están teniendo evidencias científicas para la mejora de resultados de todo el alumnado.

Las CdA, por tanto, "es un proyecto de transformación social y cultural de un centro educativo y de su entorno para conseguir una sociedad de la información para todas las personas, basada en el aprendizaje dialógico, mediante una educación participativa de la comunidad, que se concreta en todos sus espacios, incluida el aula" (Valls, 2000, p.8). Dentro de las actuaciones educativas de éxito reconocidas por "INCLUD-ED" se distinguen: tertulias dialógicas, grupos interactivos, formación de familiares, participación educativa de la comunidad, modelo dialógico de prevención y resolución de conflictos, y formación dialógica del profesorado.

Uno de los elementos comunes a todas estas actuaciones es su fundamentación en una concepción dialógica del aprendizaje (Flecha, 1997; Aubert, Flecha, García, Flecha y Racionero, 2008; Aubert, García y Racionero, 2009), donde a partir de las interacciones que compartimos con los demás, se construye nuestro conocimiento. Por tanto, a través de este proyecto, se admite que no solo la escuela educa, sino que podemos aprender en diversos contextos e interactuando con los demás.

Nos vamos a centrar en las tertulias dialógicas, que son debates, experiencias, diálogo igualitario o discusiones entre participantes donde se plantean una serie de interrogantes a partir de una lectura literaria, de arte, científica, un vídeo, y que afectan directamente a la vida de los seres humanos. A través de éstas, se dialogan resoluciones a estas cuestiones entre todos.

Flecha (1997) considera que las tertulias dialógicas, tienen una ideología más intensa, diversa y solidaria. En ellas han de manifestarse unos principios esenciales como: diálogo parigual donde todas las participaciones son escuchadas y analizadas por igual, inteligencia cultural ya que cualquier ser es competente para poder participar, cambio porque se induce una modificación en el comportamiento interpersonal y por último, igualdad y diversidad debido a que todos los individuos son iguales y diferentes al mismo tiempo.

Las tertulias dialógicas, dentro de las comunidades de aprendizaje, conceden una exclusiva atención a aquellas actuaciones educativas de éxito que van unidas con la prevención dialógica de los conflictos. La Educación Física es una de las pruebas que justifica la vinculación de la investigación con esta área, ya que se puede considerar que representa un espacio privilegiado para el tratamiento del conflicto escolar (Capllonch, 2008; 2011). Es por ello, que a través del aprendizaje dialógico y como consideran (Aubert, Morales y Lajusticia, 2014), la Educación Física tiene un papel significativo en el proceso educativo de los niños y fundamental en la educación de valores. La declaración del (International Council of Sports Science and Physical Education, 2010) resalta esta asignatura como el medio más seguro e inclusivo para que niños y niñas obtengan habilidades, actitudes y conocimientos que les permitan hacer actividad física y deporte obteniendo la alfabetización física.

Se entiende por aprendizaje dialógico en las que están basadas estas prácticas y experiencias "... el que resulta de las interacciones que produce el diálogo igualitario, es decir, un diálogo en el que diferentes personas aportamos argumentos en condiciones de igualdad, para llegar a consenso, partiendo de que queremos entendernos hablando desde pretensiones de validez" (Elboj, Puigdellivol, Soler y .Valls, 2002, p.92).

Según Melgar (2016), el modelo dialógico es el que resulta de una actuación educativa de éxito y que pasa por tres grandes descriptores: la comunidad (1) donde el eje principal es una persona experta y el protagonista es toda la comunidad educativa. "El diálogo en todo el proceso normativo (2), lo que llevará a que en el proceso de resolución de conflictos se sumen la participación y el aprendizaje de la norma (3), activando de manera simultánea tanto la resolución como la prevención de futuros conflictos" (Melgar, 2016, p.34). Para esto, es indispensable la participación de toda la comunidad.

Los centros educativos de diferentes países en Europa y Latinoamérica que han elegido convertirse en comunidades de aprendizaje no responden solamente a un perfil único de escuela, sino que en estos centros encontramos una gran variedad en entornos geográficos, socioeconómicos y culturales muy diversos, con diferentes problemáticas, desafíos y motivaciones para empezar el cambio (García, Lastrikka y Petreñas, 2013).

Pero como afirman Álvarez y Torras (2016) todos los centros que deciden transformarse en comunidad de aprendizaje tienen como objetivo general mejorar los resultados del alumnado ofreciendo abundantes oportunidades de éxito para todos por igual e impulsando la cohesión social de toda la comunidad. Además, incluso favorecen sus valores, sentimientos y emociones.

Actualmente, hay en España más de 200 escuelas instituidas en comunidades de aprendizaje desde Educación Infantil hasta cursos superiores. En Granada, contamos con 13 colegios que llevan a cabo este proyecto.

Para la transformación de centros educativos en comunidades de aprendizaje, se distinguen cinco fases en el proceso de transformación y tres fases en el proceso de consolidación (Elboj et al., 2002). Éstas son llamadas: fase de sensibilización, fase de toma de decisión, fase de sueño, fase de selección de prioridades, fase de planificación y consolidación del proceso (Fig 1.)

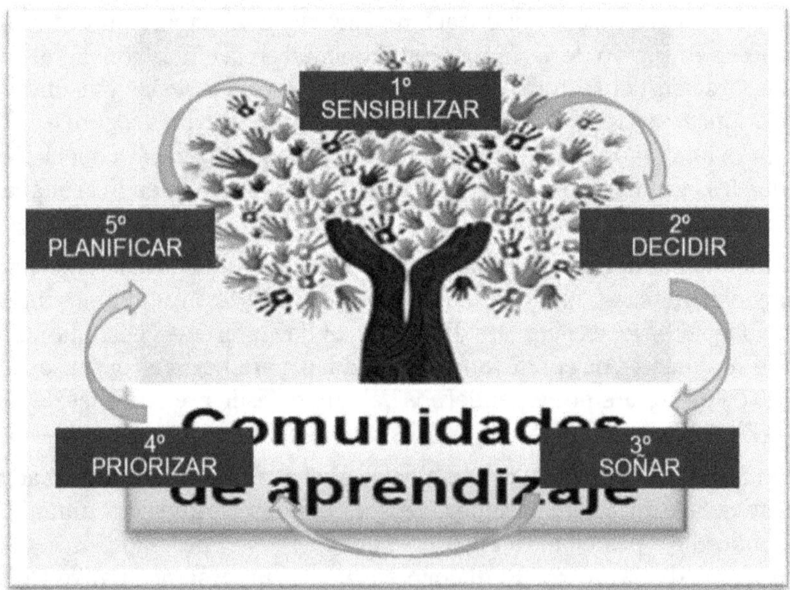

Figura 1. Fases de transformación en CdA. Adaptado por E.Rivera 2017

Objetivos generales

Nuestro objeto de investigación es: adaptar la Tertulia Dialógica en el ámbito de la EF en Primaria y analizar e interpretar el discurso de los participantes producido desde ella.

El objeto de investigación lo podemos concretar en los siguientes objetivos:

Construir y aplicar una propuesta de Tertulia Dialógico Corporal para utilizar con contenidos vinculados con la EF en Primaria.

Analizar el discurso del alumnado de Primaria generado en la TDC.

Metodología

Metodológicamente podemos situar la investigación en un diseño exploratorio, que pretende realizar un primer acercamiento a la utilización de la tertulia dialógica corporal en el aula de Educación Física. El análisis se realiza con técnicas cualitativas, ya que la propia tertulia podría ser considerada como tal. Posteriormente, una vez producida la información, será la descripción y la interpretación quienes faciliten la construcción de las teorías sustantivas que emergen de todo el proceso.

Contextualización

La investigación realizada se ha venido desarrollando a lo largo del curso 2016/17 en un centro público de Enseñanza Primaria de Granada. Este colegio está dentro de la red de Aprendizaje Servicio de Granada. Situado en el centro de la ciudad, atiende a un alumnado marcado por la multiculturalidad y el bajo ingreso económico de las familias. Estas condiciones son las que lo sitúan dentro del abanico de centros en el que tenemos un alumnado en situación de riesgo social.

En ella han participado un total de veintiún niños (once) y niñas (diez), pertenecientes a sexto curso de Primaria. Se ha escogido este grupo de mayor edad por entender que la temática de la tertulia se podía acercar más a sus intereses.

En este centro venimos realizando de forma sistemática un trabajo de Aprendizaje Servicio; venimos a cubrir las necesidades provocadas desde la utilización de metodologías activas en el aula de Educación Física. Nuestros estudiantes se transforman en "voluntarios" de la comunidad e intervienen de forma normalizada en las clases que se desarrollan con una metodología de "Grupos Interactivos". Evidentemente la tertulia dialógica corporal es una opción circunstancial; se ha puesto en marcha este curso para poder evaluar su eficacia y posibilidades como herramienta de aprendizaje del área.

El instrumento en acción: la Tertulia Dialógica Corporal. Fases

La TDC tiene por objetivo acercar de forma crítica a los niños y niñas de Primaria aquellos aspectos vinculados con el cuerpo y su bienestar desde una mirada holística: física, emocional, social y medioambiental. Se basa en los principios del aprendizaje dialógico anteriormente mencionados y se considera como un excelente instrumento para educar a las niñas y niños en aquellos valores que fomentan la convivencia y el trabajo en comunidad.

Entendida como un excelente medio de comunicación y transmisión de creencias y emociones, pensamos que, a pesar de no haberse planteado la experiencia, se podría canalizar por la doble vía del lenguaje verbal y no verbal; máxime si tenemos en cuenta que estamos en un área claramente marcada por esta última.

Otro punto a destacar es el potencial que presenta para acercar a las niñas y niños al fuerte impacto que las actividades corporales tienen socialmente. Buscar el análisis y la crítica, provocando la disonancia entre lo vivido y la carga implícita del mensaje mediático que pretende transmitir.

La temática de la tertulia dialógica corporal se ha elegido con el objetivo de analizar de forma crítica las actitudes negativas que se producen en el futbol base. Se ha utilizado una noticia de actualidad (enfrentamiento en un partido de juveniles entre los padres de los jugadores de ambos equipos), narrada por un canal mexicano de TV. Además, para facilitar la reflexión se ha sintetizado un decálogo de juego limpio, propuesto desde la Consejería de Educación, Cultura y Deporte de la Junta de Comunidades de Castilla la Mancha, que se les daba a los participantes antes de la realización de la tertulia. El acceso a este material audiovisual se puede hacer en la siguiente dirección web: http://xurl.es/28g9l

Las fases de desarrollo de la tertulia las podemos sintetizar en siete pasos:

I. Los participantes han leído el decálogo de juego limpio y subrayado los dos puntos que les han parecido los más relevantes.

II. Se ha procedido a la visualización del vídeo "Juego Limpio en el Deporte" preparado como elemento de reflexión y posterior análisis en la tertulia.

III. La persona moderadora, en este caso una docente, ha preguntado qué piensan de todo lo que han visto en el vídeo y ha dado la palabra a aquellas personas que pidieron turno. Además, se encarga de calmar a los participantes en algunos momentos de la tertulia.

IV. La moderadora abre turno de palabra para que otros alumnos puedan opinar sobre lo que piensan y lo que les ha llamado más la atención del vídeo.

V. Se realiza una segunda visualización del vídeo, para profundizar en su análisis a partir de lo expuesto hasta este momento.

VI.   Una vez cerrado el turno de intervenciones de los alumnos y alumnas participantes, la docente moderadora pasa a hacer un recuento de los puntos subrayados en el decálogo al principio de la tertulia.

VII.   La moderadora voluntaria pregunta qué les ha parecido la tertulia dialógica corporal que han llevado a cabo ya que ha sido la primera vez que la realizan.

Material

Para la realización de la tertulia dialógica corporal se han utilizado diferentes materiales que pasamos a identificar:

- *Audio visual "Juego Limpio en el Deporte".* Creado al efecto para tal fin, tiene una duración de dos minutos. Como hemos comentado anteriormente, consiste en una noticia sobre los incidentes violentos sucedidos en un partido de fútbol juvenil entre padres. Presenta dos partes: noticia televisiva seguida de la visualización del decálogo de Juego Limpio ya mencionado. Ver vídeo en: http://xurl.es/28g9l

- *Decálogo de Juego Limpio.* Extractado de una propuesta de la Junta de Comunidades de Castilla la Mancha, comentado anteriormente. (Anexo 1)

Decálogo del Juego Limpio para todos
(Jugadores, Padres y Entrenadores)

1.- LOS JUGADORES SON TUS COMPAÑEROS Y AMIGOS
2.- APLAUDE EL BUEN JUEGO Y EL ESFUERZO.
3.- COMPARTE EL TRIUNFO CON LOS DEMÁS
4.- ES IMPORTANTE GANAR, PERO LO ES MÁS SABER PERDER.
5.- RESPETA A TUS RIVALES. CUMPLE LAS REGLAS DEL JUEGO.
6.- EN EL DEPORTE Y EN LA VIDA RESPETA PARA SER RESPETADO.
7.- PARTICIPA Y JUEGA CON JÓVENES DE LOS CINCO CONTINENTES.
8.- COMPITE SIN PROVOCAR LESIONES Y AYUDA CUANDO SE PRODUZCAN.
9.- LAS DECISIONES DE TU PROFESOR O ENTRENADOR SE TOMAN EN BENEFICIO DE TODOS.
10.- SÓLO UNA ALIMENTACIÓN SANA Y EQUILIBRADA MULTIPLICA TU RENDIMIENTO DEPORTIVO.

Junta de Comunidades de Castilla la Mancha.

PRIMERO: Tienes que subrayar los dos puntos más importantes que tendrían que respetar, los jugadores, padres y entrenadores cuando jugamos un partido de cualquier deporte. Piensa y di por qué has subrayado esos puntos y no cualquiera de los otros.

SEGUNDO: ¿Qué piensas de todo lo que has visto en el video? Di lo que te ha llamado más la atención.

Figura 2. Decálogo del Juego Limpio (Adaptación propia)

- *Plantilla de anotación de la secuencia de intervenciones* (anexo 2). Se utiliza para facilitar la posterior transcripción de la grabación de la tertulia. es realizada por la investigadora, facilitándole un primer análisis en paralelo del discurso de la tertulia.

- *Grabadora digital.* Con la finalidad de registrar el audio en la tertulia. Al ser menores de edad no hemos creído conveniente realizar grabación de vídeo, a pesar de contar de la correspondiente autorización. Esto nos facilita naturalizar la grabación y preservar la identidad de los participantes.

- *Cartel identificador.* Se ha utilizado para facilitar el trabajo de transcripción al identificar con un número a cada participante. Es una herramienta útil cuando realizamos grabación de narrativas orales en colectividad.

Procedimiento de análisis

Para la realización de análisis se ha utilizado el programa NVivo 11, ya que este es un software destinado a la indagación cuando la información producida es de tipo textual y no numérica. Siguiendo a Trigueros, Rivera y Rivera, (2017), al utilizar una metodología de análisis cualitativo, hemos querido partir de la emergencia de la información, esto significa que las categorías "nodes", se construyen a partir del discurso de los participantes, no partiendo de la identificación previa de la misma.

Paso 1: Preparación y codificación de la información

Una vez incorporada la transcripción realizada en Word al proyecto "Tertulia Dialógica" creado con el software NVivo 11, se ha procedido a su categorización y codificación partiendo de los conceptos relevantes que han ido emergiendo. Esto nos ha posibilitado identificar los conceptos claves que han sido transformados posteriormente en categorías (fig. 2). Agrupados en un sistema de categorías, se parte de un Node central: juego Limpio, para abrir Dos grandes subcategorías organizadoras: Decálogo, que recoge dentro de ella las alusiones que se han realizado a los valores que propugna, y Otras categorías, las que se identifican los discursos realizados en positivo y negativo a lo largo de la tertulia. Las dos primeras, a su vez, se ramifican en: Actitudes positivas y negativas. No se entra a la definición de las mismas, ya que el propio concepto identifica perfectamente el sentido del discurso.

Nombre	Recursos	Referencias
Juego limpio	0	0
Decálogo	1	31
01 compañerismo	1	2
02 Actitud	1	1
03 generosidad	1	1
04 partipar	1	2
05 respeto	1	7
06 humildad	1	6
07 tolerancia	1	2
08 deportividad	1	10
09 equipo	0	0
10 salud	0	0
Otras categorías	1	57
Actitudes negativas	1	40
Humillado	1	4
Inmadurez	1	3
Mal ejemplo	1	8
Miedo	1	5
Violencia	1	20
Actitudes positivas	1	7
Arrepentimiento	1	3
Verguenza	1	4
Familia	1	5
Medidas a tomar	1	5

Figura 3. Categorías de análisis. Elaboración propia

A continuación, se han generado los "Casos" mediante una búsqueda selectiva del discurso de cada uno de los participantes. Como se puede ver en los resultados, hemos jugado con "apodos" para ocultar la identidad de las personas, utilizando en este caso nombres de jugadores del R. Madrid y del F.C. Barcelona. Esto nos ha permitido la creación del atributo "sexo" y asignar su correspondiente valor a cada uno de los participantes. Posteriormente ha sido utilizado en el análisis categorial realizado.

Paso 2: análisis de la información.

Este paso se ha realizado en tres momentos consecutivos: Localización de conceptos claves desde la utilización de la "Frecuencia de palabras"; Análisis singular de conceptos presentes en los participantes y Análisis particular en base al sexo. Estos tres momentos se desarrollan con amplitud en la descripción e interpretación de resultados.

Paso 3: elaboración del informe final.

Una vez cerrados los pasos anteriores estamos en disposición de proceder a la redacción del informe final que se construye desde los apartados anteriores visualizados en el paso 2, junto a cierre del mismo con las conclusiones finales.

Descripción e interpretación de resultados

Llegados a este punto vamos a pasar a realizar una descripción de los resultados realizando su interpretación desde la óptica del investigador que es quien tamiza y filtra finalmente los discursos.

Los Conceptos Claves en el discurso

Al realizar un primer análisis de la tertulia dialógica corporal, se puede destacar desde la frecuencia de conceptos, aquellas palabras más utilizadas por los alumnos y alumnas. Por lo tanto, en una primera aproximación a los conceptos claves, nos encontramos el concepto "pelear" que ha sido utilizado diecisiete veces por los participantes. Este concepto es utilizado por los niños cuando dialogan sobre lo ocurrido en el vídeo visualizado. Marcelo interviene dando su opinión y diciendo "Yo creo que no se deberían de pelearse porque los niños son los que tienen que hablar". Así mismo se observa la indignación de más compañeros como Benzema expresando "Yo no lo veo normal, yo lo primero que hago es ir a ver si mi hijo está bien en vez de pelearme". Los participantes muestran lo que sienten ante la visualización del vídeo mostrando lo que ellos piensan y creen acerca de las actuaciones que han tenido los padres de los niños.

Figura 4. Conceptos relevantes. Visualizados desde la frecuencia de palabras. (Elaboración propia)

A dicha idea, le precede el concepto "pegar" empleada un total de 13 veces. De igual modo, los alumnos utilizan la palabra para opinar sobre la pelea que se produce en el vídeo pero además, la emplean para referirse a un tema familiar, afirmando que "yo si fuesen a pegarle a mi madre, yo me metería, es que te sale de dentro" (Varane). De la misma manera, Varane confirma "Sí, porque si le pegaran a mi madre, yo te juro que le meto al tío. Aunque me peguen, es que yo lo caliento..." Se observa claramente la devoción que tienen por sus madres y cómo actuarían si se viesen en un caso similar donde alguien agrediese a sus madres. Pero al tiempo, el discurso de no violencia que se ejerce al inicio desaparece en cuanto es ejercida con un ser querido. Esto nos lleva a plantearnos la necesidad de trabajar el diálogo en la resolución de los conflictos; indistintamente si la violencia es ejercida a un extraño o hacia un ser próximo a nosotros.

Junto a los conceptos anteriores, emerge otro clave: "vergüenza" y se emplea cuando los participantes relatan lo que ellos sentirían si sus padres se enzarzan en una pelea con los padres de sus compañeros. Esta idea la plantea Busquets quien señala "Yo me sentiría mal, sentiría vergüenza de que mis padres hicieran eso." Volvemos al discurso conciliador, a pesar de que anteriormente esta misma vergüenza no se ha sentido al decir abiertamente que ejercería la violencia contra aquellas personas que agredieran a sus familiares.

De la misma manera, también destaca la palabra "sancionar" y es usada para la toma de medidas que ellos creen que deberían de aplicar en el partido donde se ha producido ese gran desorden.

Finalmente destacar el concepto "violencia" que es empleado por los participantes como Cristiano quien asegura que "había mucha violencia. Unos padres no se pueden pelear porque sus hijos pierdan". Esta palabra es muy relevante en la tertulia ya que es el tema principal que abunda en lo ocurrido en el vídeo.

Las preocupaciones de los niños y niñas

Para el análisis de esta segunda parte, se tiene en cuenta la siguiente matriz de codificación (Tabla 1), que, desde la intersección de los discursos de los participantes, nos ofrece esta tabla referida a los conceptos claves y su presencia en los alumnos y alumnas:

Tabla 1. matriz de intersección del discurso de los participantes (elaboración propia)

	Alba	Alcácer	Cristiano	Asensio	Bale	Benzema	Casemiro	Busquets	Damián	Gomes	Iniesta	Isco	Kroos	Marcelo	Messi	Modric	Nacho	Piqué	Ramos	Stegen	Suárez	Turan	Varane
Humillación				X		X			X														
Inmaduro									X				X							X			
Mal ejempl		X			X			X		X		X	X		X							X	
Miedo				X												X		X					
Violencia			X	X	X	X					X	X	X						X			X	X
Arrepenti-mit.					X																		
Ver-güenza									X														
Familia					X																		X
Medida a Tomar	X				X														X			X	

Si anteriormente veíamos cómo las temáticas se centran claramente en: violencia, Mal ejemplo y vergüenza. Desde el análisis singular podemos observar como el discurso, claramente, lo lidera Bale ya que interviene un gran número de veces siendo su foco de atención los conceptos relacionados con el mal ejemplo, el miedo, la violencia, el arrepentimiento, la familia y las medidas a tomar por el desconcierto originado en el campo de fútbol. Bale, en todo momento relata aquello que ha visto en la reproducción del vídeo, además da su opinión y cuenta los conocimientos que él tiene sobre lo ocurrido. Esto se observa cuando la voluntaria moderadora pregunta si piensan que los padres que se han visto envueltos en la pelea lo volverían a hacer. Responde con aquello que ha escuchado en las noticias sobre dicho percance afirmando que "yo creo que no se han arrepentido porque pusieron un audio de un padre que lo llamaron y dijo que él fue a pegar porque estaba la amiga de un amigo y que lo volvería a hacer." Otros participantes que tambIén intervienen bastante en el discurso son Kroos, Modrid y Varane. En estos casos, también intervienen enfocándose a los mismos temas que Bale. Por ejemplo, Kroos opina sobre los padres implicados que "es una conducta inmadura y eso no está bien delante de todos los niños ya que es un juego" Por otro lado, Modrid cuenta cómo se sintió él en una ocasión muy parecida ya que estuvo a punto de presenciar una pelea desagradable. Lo que más destaca para Varane es la familia, en concreto su madre. Para él sería muy duro ver que a su madre le pueden hacer algo en un partido de fútbol y recalca que, si alguien la tocara, no se haría responsable de sus actos ya que según Varane "es que no piensas en ese momento, es instinto"

Los conceptos que están más presentes y activos en los niños son aquellos relacionados con el miedo, la violencia, el mal ejemplo y lo avergonzados que se podrían sentir si ven envueltos a sus padres en dicha situación.

El análisis particular: el discurso de los niños frente al de las niñas

Anteriormente el análisis se realiza a partir de una matriz de intersección, en la que hemos cruzado la presencia del discurso de cada uno de los participantes con las categorías de análisis (conceptos claves). Para el análisis particular vamos a utilizar el único atributo que hemos tenido en cuenta: sexo, cruzándolo nuevamente con las categorías de análisis. (tabla 2).

Tabla 2. Análisis particular del discurso en base al sexo (elaboración propia)

	Niños	Niñas
Humillado	15,7%	0%
Inmadurez	5,96%	4,49%
Mal ejemplo	5,34%	38,37%
Miedo	12,06%	1,22%
Violencia	34,73%	23,67%
Arrepentimiento	3,94%	0%
Avergonzado	3,09%	28,57%
Familia	12,92%	0%
Medidas a tomar	6,26%	3,67%

Durante la tertulia, cabe destacar el papel que han desempeñado los niños respecto a las niñas. Se observa claramente que la participación de los niños ha sido más elevada que en el caso de las niñas. Se percibe incluso un 0% de discurso por parte de las niñas acerca de la humillación, arrepentimiento y familia, mientras que los niños alcanzan un 15,7%, 3,94% y 12,92% respectivamente. Destacar el apartado de humillación de los niños ya que estos hablan sobre percances que han tenido en partidos de fútbol. Por ejemplo, Asensio cuenta que "A mí una vez me pegaron una patada por detrás que fue penalti, y como marcamos el penalti, los padres de los otros niños me empezaron a decir que me iban a esperar después para pegarme" Las niñas, como se ha comentado anteriormente, no se pronuncian ante semejantes casos ya que a algunas de ellas les puede llegar a parecer actos chocantes e injustos. Incluso Alba llega a preguntar "¿Por qué no llamaron a la policía, seño? "

Sin embargo, en temas relacionados con el mal ejemplo de esos padres a sus hijos y lo avergonzados que se pueden llegar a sentir si les ocurriese lo mismo, el porcentaje de intervenciones es mayor para las niñas. Los niños se pueden ver más involucrados en estas situaciones ya que pertenecen a clubes de fútbol y algunos ya han llegado a presenciarlas. Por el contrario, las niñas piensan que esto es algo muy negativo y que, al hacerlo, dan un ejemplo muy malo a sus hijos. Turan afirma "... yo no veo bien que se peleen delante de los niños" Añadir que también hay alguna que otra intervención por parte de los niños en la que se muestra lo mal que ven el suceso ocurrido; "Es una conducta inmadura y eso no está bien delante de los niños porque es un juego" recalca Kroos. De igual manera, Isco confirma refiriéndose a lo que le diría a su padre en el caso de originar esa pelea que "… le diría que eso está muy mal lo que ha hecho y que he sentido vergüenza y que eso no es un buen ejemplo"

Por otro lado, las niñas sentirían tanta vergüenza de que sus padres actuaran así en esas circunstancias que señalan "… llegaría a mi casa y le hago el vacío, sentiría mucha vergüenza de que mi padre haya creado eso" (Messi). Los niños no se manifiestan de la misma manera. Incluso Modrid llega a decir que él no haría nada, simplemente "… al día siguiente se le pasa y ya está. Es mejor no decirle nada"

Otro aspecto importante a comentar es la familia, un tema que ya ha sido comentado anteriormente. Es curioso como los niños muestran lo que siente por sus madres llegando incluso a decir "Las madres es que sola hay una, los padres pueden haber muchos pero madres solo hay una en el mundo" (Varane) Asimismo, Varane se atreve a testificar "Pues por eso cuando hay una pelea insultas a las madres, porque ellas te duelen más" Las participantes del sexo femenino no se revelan ante tales testimonios.

Este discurso particular también lo hemos analizado desde los valores que emanan del decálogo. La estrategia ha sido similar a la anterior, realizando una matriz de intersección con el NVivo que nos ofreciera una panorámica de los discursos presentes en función del sexo (Tabla 3).

Tabla 3. Análisis particular del discurso del decálogo en base al sexo (elaboración propia)

	Compañerismo	Actitud	Generosidad	Participar	Respeto	Humildad	Tolerancia	Deportividad	Equipo	Salud
Niños										
Niñas										

En un primer análisis de carácter global vemos como hay dos valores que no son mencionados en los discursos por ninguno de los participantes. Uno es el relacionado con los valores del trabajo en equipo y el otro sobre los beneficios del deporte sobre la salud. Si profundizamos más, se evidencia el dominio en el discurso, una vez más, de los niños frente a las niñas, especialmente cuando se trata de abordar temáticas relacionadas con el respeto, la humildad y la deportividad.

Si ahondamos en los discursos verbales, podemos observar cómo cuando hablan del respeto, hacen fundamentalmente referencia a la falta de respeto que se muestra en el vídeo y desde experiencias vividas en primera persona. Algo similar ocurre con la deportividad, donde hacen patente la gran falta de deportividad existente en la escena, criticando la misma con frases como la dicha por Asensio cuando dice que "es una conducta inmadura y eso no está bien delante de todos los niños que es un juego"

En esta intervención tenemos dos conceptos claves: la identificación de la inmadurez del adulto que se deja llevar por la pasión del momento y por otra la identificación de la actividad como juego. Este debe ser el trabajo de la tertulia dialógica corporal, ser capaz de poner en evidencia los aspectos negativos que rodean un simple juego, que no debiera ir más allá. Desde la descripción, algunos desde el análisis e incluso desde la crítica; se nos abre una herramienta eficaz para hacer visible lo invisible que rodea a las prácticas corporales.

Conclusión

Una vez concluido el análisis de la experiencia de la incorporación de la tertulia dialógica corporal al aula de Educación Física, queda patente el potencial de la herramienta como estrategia dialógica para el aprendizaje. Aprender debe significar tomar conciencia de lo que pasa a nuestro alrededor, no simplificar el discurso a la simple vivencia del hacer por el simple hecho de vivir la experiencia.

Hay aspectos que nos preocupan y que do debemos ocultar. En primer lugar es la detección de una baja participación por parte de las niñas. Para nosotros ha sido un problema de elección de la temática, pensamos que menos motivante para ellas que para ellos. Esto nos da pie a plantearnos que debemos partir del consenso y la negociación de las temáticas a trabajar. Que no nazcan directamente del docente, sino que busquen el interés tanto de ellos como de ellas.

Otro aspecto que llama la atención és cómo se provoca el apego familiar, especialmente hacia la madre, quizás por no ser un elemento no habitual en este tipo de disputas. Pero dejan claro que la familia es sagrada, que por ella se llega hasta donde haga falta, incluso la violencia física. Aquí debiéramos abrir un espacio de reflexión que ahondara en la irracionalidad de este tipo de respuestas, sancionables a todos los niveles.

Debemos tener en cuenta que es una primera experiencia exploratoria, que no hemos encontrado ninguna referencia vinculada a la Educación Física. Por lo que podemos decir que es la primera tertulia dialógica corporal que va a ser documentada en el ámbito de la Educación Física. Hay que seguir profundizando y puliendo la propuesta.

Referencias bibliográficas

Álvarez, P. y Torras, E. (2016). Comunidades de aprendizaje. Actuaciones para el éxito académico y la transformación educativa. Revista Padres y Maestros, 367, 6-10.

Aubert, A., García, C. y Racionero, S. (2009). El aprendizaje dialógico. Cultura y Educación, 21(2), 129-139.

Aubert, A., Flecha, A., García, C., Flecha, R. y Racionero, S. (2008). Aprendizaje dialógico en la Sociedad de la Información. Barcelona: Hipatia.

Aubert, A., Morales, M. T. V. y Lajusticia, J. C. (2014). Actuaciones educativas de éxito desde la Educación Física. Retos: nuevas tendencias en educación física, deporte y recreación, 25, 144-148.

Capllonch, M. (2008-2011). Juega Dialoga y Resuelve. La superación de conflictos en educación física mediante el modelo comunitario. Diseño de un programa específico para comunidades de aprendizaje, con referencia, SEJ2007-61757/EDUC. Plan Nacional I+D+I.

Elboj, C., Puigdellívol, I., Soler, M. y Valls, R. (2002). Comunidades de aprendizaje: transformar la educación. Barcelona: Graó.

European Commission (2011). Added value of Research, Innovation and Science portfolio (MEMO/11/520 19/07/2011). Recuperado de http://europa.eu/rapid/press-release_MEMO-11-520_en.htm.

Flecha, R. (1997). Compartiendo palabras. El aprendizaje de las personas adultas a través del diálogo. Barcelona: Paidós.

Flecha, R., Gómez, J. y Puigvert, L. (2001). Teoría sociológica contemporánea. Barcelona: Paidós.

García, C., Lastikka, A.L. y Petreñas, C. (2013). Comunidades de aprendizaje. Scripta Nova – Revista Electrónica de Geografía y Ciencias Sociales, XVII (427). Recuperado de http://www.ub.edu/geocrit/sn/sn-427/sn-427-7.htm

ICSSPE (International Council of Sport Science and Physical Education). (2010). International Position Statement on Physical Education. Disponible online en: http://www.icsspe.org/content/international-position-statement-physical-education

INCLUD-ED Conssortiu. (2009). Actions for success in schools in Europe. Bruselas: European Commission.

Melgar, P. (2016). Modelo dialógico de prevención de conflictos. Revista Padres y Maestros, 367, 32-37.

Trigueros, C., Rivera, E. y Rivera, I. (2017). La investigación Cualitativa con ayuda del software Nvivo. Madrid: Delta.

Valls, R. (2000). Comunidades de Aprendizaje. Una práctica educativa de aprendizaje dialógico para la sociedad de la información. Barcelona: Universidad de Barcelona.

CAPÍTULO III

APRENDIZAJE-SERVICIO EN ALUMNADO CON AUTISMO DE ALTO FUNCIONAMIENTO. ¿QUÉ OPINAN LOS PADRES Y MADRES IMPLICADOS?

Celina Salvador-García
Universitat Jaume I, España
María del Carmen Medina González
Universitat Jaume I, España
Dr. Jesús Gil-Gómez
Universitat Jaume I, España
Dr. Pedro Jesús Ruiz-Montero
Universidad Internacional de La Rioja, España

Resumen

El aprendizaje-servicio (APS) es un método pedagógico que facilita el aprendizaje del alumnado a la vez que se presta un servicio a la sociedad. El APS emerge como una opción óptima a la hora unir la Responsabilidad Social Universitaria (RSU) con la educación superior, dado que incorpora la vertiente curricular y educativa persiguiendo una transformación social. Son múltiples los estudios enfocados a analizar el efecto de su aplicación sobre el estudiantado y sobre los receptores del servicio. Sin embargo, parece también pertinente por su papel como grupo de interés, conocer la percepción de los familiares de los receptores del servicio para apreciar cuáles son sus impresiones sobre la universidad en relación a la interacción vivida a partir del programa APS. Así será posible alinear la RSU con los verdaderos intereses de los colectivos con los que se trabaja.

En el caso que aquí se presenta, un grupo de niños y niñas con Autismo de Alto Funcionamiento son los receptores de un servicio prestado por estudiantes de magisterio que aplican un programa vinculado a la actividad física y los juegos motores. Entre las características del Autismo de Alto Funcionamiento se encuentran los déficits motores, incluyendo una mayor dificultad de coordinación y control postural y equilibrio; y en las competencias emocional, social; sobre los que se va a centrar la intervención.

El presente estudio, llevado a cabo por el grupo ENDAVANT, persigue apreciar la percepción de los progenitores de los infantes receptores de dicho servicio. Este propósito se aborda desde una perspectiva mixta a través de cuestionarios y entrevistas grupales.

Palabras claves

Aprendizaje-Servicio, Universidad, Educación, Educación Física, Autismo de Alto Funcionamiento, Síndrome de Asperger.

Introducción

La Responsabilidad Social Universitaria (RSU) plantea la aplicación de un conjunto de valores y principios desarrollados desde la propia universidad para consumar un proceso de transferencia e intercambio con la sociedad (Gaete, 2012). En la universidad actual el bien interno no puede separarse de la responsabilidad social dado que el cumplimiento de la misión formadora de la universidad revierte directamente sobre el entorno. A nivel estatal, la Comisión Técnica de Expertos de la Estrategia Universidad 2015 (EU 2015) presentó a los órganos colegiados del Sistema Universitario un informe que, en términos de responsabilidad social, subraya la necesidad de hacer hincapié no sólo en la formación especializada de las titulaciones, sino también en la formación continua y en la formación integral. Además, resulta conveniente identificar los grupos de interés ante los que la universidad tiene que rendir cuentas de su funcionamiento (García-Marzá, 2003).

Para una adecuada identificación de los grupos de interés resulta pertinente atender primero a las diferentes misiones que dan sentido y razón de ser a la institución universitaria, es decir, (1) investigación, (2) formación, (3) transmisión de cultura y (4) gestión de los procesos internos. En nuestro caso, el interés investigador se centra en la misión docente de la universidad, de forma que el foco de este texto radicará en la ejecución e investigación sobre procesos educativos socialmente responsables hacia los grupos de interés implicados.

En este punto, es ampliamente conocido que el APS emerge como un método pedagógico ideal a la hora de vincular RSU con educación superior (Navarro, 2015). Incorpora en la vertiente curricular y educativa una determinación firme de transformación social que permite a la universidad conectar con la sociedad y trabajar para resolver problemáticas conjuntas. Sin embargo, resulta necesario valorar la medida en que su aplicación ha sido exitosa con el objetivo de optimizar su aplicación. El presente texto se focaliza en esta cuestión y persigue comprender la opinión de uno de los grupos de interés con los que se ha trabajado, en este caso los progenitores de los receptores del servicio. Siguiendo esta línea, hay que determinar de qué manera puede contribuirse a la sociedad y, en nuestro caso, hemos optado por colaborar con el colectivo de niños y niñas que sufren Autismo de Alto Funcionamiento en Castellón.

Autismo de Alto Funcionamiento

A pesar de ser un trastorno bastante frecuente, no suele ser demasiado conocido porque se trata de uno de los subtipos en que se divide el trastorno del espectro autista. Los criterios de diagnóstico para el Autismo de Alto Funcionamiento incluyen la afectación en ámbitos como la interacción social o conductas repetitivas y estereotipadas. Conviene remarcar que presentar este síndrome no debería ser percibido de una manera negativa. De hecho, a pesar de presentar dificultades en algunos ámbitos, a menudo las personas con esta afectación presentan una inteligencia normal o incluso superior a la media, y frecuentan habilidades especiales en áreas restringidas (Gutstein y Whitney, 2002; Sumner, Leonard y Hill, 2016).

Sin embargo, tal y como se ha indicado, el núcleo del diagnóstico alude a déficits sociales y comunicativos, pudiendo reflejar una conectividad anormal dentro de las redes cerebrales subyacentes del control motor y del aprendizaje. La literatura científica sugiere que las deficiencias motoras también son frecuentes en el trastorno del espectro autista (Jeste, 2011).

Siguiendo la numerosa literatura existente, puede comprobarse que una adecuada intervención con el colectivo que presenta Autismo de Alto Funcionamiento puede tener numerosos beneficios en diferentes vertientes. Según la Confederación Asperger España, una de las características habituales de estas personas es tener torpeza motora. En este sentido son diversos los autores que exponen que niños y niñas con Autismo de Alto Funcionamiento presentan un déficit motor (Green et al., 2009; Ming, Brimacombe y Wagner, 2007) y desórdenes en la coordinación así como en el control postural o tareas que requieren el equilibrio (Ghaziuddin y Butler, 1998; Szatmari, Archer, Fisman, Streiner y Wilson, 1995).

Hilton et al. (2006) indican que el nivel de deficiencia motora se ve directamente relacionado con el nivel de severidad del Autismo de Alto Funcionamiento, en consonancia con aquello expuesto por Kopp, Beckung y Gillberg (2009), que a partir de su investigación concluyen que los problemas motores son más patentes en niñas con menor cociente intelectual (IQ). Por otro lado, hay que remarcar que Ming et al. (2007) apreciaron una prevalencia en los más jóvenes que sugiere una mejora a nivel motriz con el paso del tiempo, fruto de una intervención, la progresión natural o la combinación de ambas. Otro aspecto característico es un claro detrimento en el desarrollo de la competencia social, a pesar de presentar un desarrollo cognitivo y del lenguaje relativamente normal (Gutstein y Whitney, 2002; Sumner et al., 2016).

Siguiendo a Denham et al. (2001), la competencia social es una variable crítica en la predicción del éxito a la vida y, de hecho, un déficit en esta puede ocasionar un impacto negativo que desencadene en déficits en otras habilidades (Rogers, 2000). Esta cuestión resulta relevante puesto que las personas con Autismo de Alto Funcionamiento, de manera general, se caracterizan por tener el deseo de ser sociales pero sin poseer las habilidades necesarias para conseguirlo (Myles y Simpson, 2002). Este bajo nivel de competencia en el ámbito social inhibe su capacidad para mantener amistades, así como reconocer y tratar con el bullying (Stichter et al., 2010) y, por lo tanto, conviene ayudarlos a desarrollar esta competencia. La investigación llevada a cabo por Stichter et al. (2012) se centró en una intervención para trabajar la competencia social de niños/as con Autismo de Alto Funcionamiento, mediante la cual obtuvieron mejoras.

Ligada a la competencia social se halla la emocional (Begeer, Koot, Rieffe, Terwogt y Stegge, 2008). Esta incluye actividades de carácter psicológico, comportamental y cognitivo que permiten a los individuos modular sus experiencias y expresar sus emociones (Chang, 2009). Un considerable número de investigaciones se han centrado en la competencia emocional en niños y niñas con espectro autista (Begeer et al., 2008). En concreto, Laurent y Rubin (2004) defienden que los niños/as y adolescentes con Autismo de Alto Funcionamiento deben tratar de desarrollar su competencia emocional.

APS para atender las necesidades del colectivo

Como se ha expuesto en los párrafos anteriores, los niños y niñas con Autismo de Alto Funcionamiento presentan déficits en áreas motoras como la coordinación y el equilibrio, así como en su desarrollo de las competencias social y emocional. En este sentido, son diversas las experiencias y estudios en los que estas cuestiones han sido trabajadas mediante la metodología del APS.

Por ejemplo, entre los estudios de aplicación del APS en el campo de la Educación Física podrían mencionarse los de Miller (2012), Galvan y Parker (2011) o Pechak y Thompson (2011), en los que los receptores del servicio pudieron beneficiarse de una práctica a nivel físico. Además, el APS contribuye al aprendizaje académico y personal del alumnado que lo desarrolla incluyendo su desarrollo socioemocional (Cohen, 2006; Simons y Cleary, 2006). Sin embargo, es preciso preguntarse si los receptores del servicio, quienes por sus características como colectivo así lo requieren, también pueden beneficiarse de su aplicación.

El APS se erige como una opción más que indicada para tratar de paliar esas necesidades que, por regla general, afectan al colectivo de los niños y niñas con Autismo de Alto Funcionamiento al mismo tiempo que se atiende a la RSU. Teniendo en cuenta lo expuesto anteriormente, desde el grupo ENDAVANT hemos llevado a cabo una experiencia piloto en esta línea para comenzar a investigar sobre sus efectos de cara a futuros proyectos de mayor

envergadura atendiendo a los niños y niñas con Autismo de Alto Funcionamiento. En busca de una mejora futura, resulta relevante la opinión de los
progenitores de los niños y niñas participantes, puesto que indirectamente
ellos también son beneficiarios del servicio prestado.

Objetivos

El presente texto expone un estudio que se ha llevado a cabo el curso académico 2016/2017, dentro de un proyecto de mayor envergadura. El estado
de la cuestión desvela que en APS se han estudiado mucho los efectos tanto
del estudiantado participante como de los receptores del servicio. Sin embargo, la percepción de los progenitores (en este caso) como receptores indirectos del mismo representa un espacio poco transitado al que pretende
contribuir la presente investigación. Por este motivo, decidimos establecer
nuestro objetivo en averiguar cuál era la visión de los padres y madres de
los niños y niñas asistentes al programa desarrollado.

Por ello, la pregunta de investigación, eje sobre el que giró toda la investigación fue: ¿Cuál es la opinión de los progenitores sobre el servicio que les
ha sido prestado? Para tratar de responder esta pregunta se han estipulado
los siguientes cuatro objetivos de investigación: (1) conocer su percepción
sobre los efectos del programa sobre los niños, (2) conocer su percepción
sobre los efectos del programa sobre los estudiantes del grado de maes-
tro/a, (3) conocer su percepción sobre los efectos del programa sobre ellos
mismos y (4) conocer sus percepciones sobre el programa en general.

Método

El presente estudio de caso analiza la percepción de los progenitores ante
la participación de sus hijos en el programa de APS. Este propósito se
aborda desde una perspectiva mixta que combina el uso de cuestionarios
con una entrevista grupal. El estudio aspira a detectar y conocer las opiniones que el programa de APS ha suscitado para ellos como progenitores de
los receptores del servicio. Además, también se pretende saber su opinión
sobre el mismo con respecto a sus hijos/as y el alumnado del grado de
maestro/a.

Programa desarrollado

Este proyecto es una continuación de dos anteriores desarrollados también
por el grupo de investigación ENDAVANT en los que se trabajaba con otros
colectivos. En este caso, el objetivo principal del mismo radica en profundizar en el análisis de los efectos del APS universitario sobre los grupos de
interés implicados. El programa de intervención de APS investigado ha sido
aplicado por alumnado de materias del campo de la Didáctica de la Expresión Corporal de la UJI, pues representa una área muy adecuada para im-

plementar proyectos de APS debido al elevado grado de enseñanzas procedimentales que incluye, la gran variedad de contenidos, la cantidad de interacciones que proporciona y la diversidad de objetivos que persigue.

En el presente trabajo nos centramos en el análisis del efecto que conlleva para los niños y niñas con Autismo de Alto Funcionamiento el hecho de recibir un servicio orientado a la mejora de factores típicos de la población que posee este síndrome y, especialmente, conocer la percepción de los progenitores sobre el programa de APS.

Parte del alumnado del Grado de Maestro/a que cursa materias relacionadas con la Didáctica de la Educación Física realizará un programa de APS en la modalidad de servicio directo, a través de una colaboración con la Asociación Asperger Castelló. El programa de formación ha consistido en la prestación de un servicio a los niños/as de la asociación, en el que el alumnado del Grado de Maestro/a, basándose en la guía didáctica de la asignatura cursada, ha diseñado, organizado y ejecutado sesiones de Educación Física relativas al currículum oficial de las enseñanzas de la educación primaria, orientadas principalmente al bloque de contenidos II: Habilidades motrices: coordinación y equilibrio, que han recibido los niños y niñas con Autismo de Alto Funcionamiento.

En cuanto a las consideraciones éticas que han guiado el procedimiento de la investigación, conviene destacar que el estudio ha estado sujeto al dictamen de la comisión deontológica de la propia universidad, de forma que la participación de los participantes ha sido totalmente voluntaria y después de la firma de un consentimiento informado.

Las actividades que configuran este programa de intervención con niños con Autismo de Alto Funcionamiento tienen como finalidad mejorar las capacidades motrices de la coordinación y el equilibrio para garantizar la inclusión de los infantes en las sesiones de Educación Física, así como el desarrollo de sus competencias social y emocional. Los objetivos del programa se ven resumidos en los siguientes:

- Aplicar juegos concretos de coordinación que permitan identificar mejoras significativas en esta destreza.

- Aplicar juegos concretos de equilibrio que permitan identificar mejoras significativas en esta destreza.

- Desarrollar la coordinación y el equilibrio de los niños y niñas mediante el juego.

- Experimentar situaciones de equilibrio y desequilibrio para adquirir confianza en el control corporal.

- Mejorar la manipulación de diversos tipos de objetos.

- Favorecer el desarrollo social y emocional de los participantes mediante el juego.

Participantes y contexto

El programa desarrollado involucró a 30 niños con Autismo de Alto Funcionamiento de la Asociación Asperger Castelló y constó de 8 sesiones de juego de unos 105 minutos aproximadamente. Dichas sesiones se desarrollaron mensualmente, en concreto, un sábado cada mes, en las instalaciones de la UJI. De este modo, el programa comenzó en octubre de 2016 y finalizó en mayo de 2017.

Técnicas y recogida de datos

Una vez finalizado el programa, primero se pasó un cuestionario a los progenitores y más tarde, para poder comprender más claramente las respuestas obtenidas en este, se efectuó una entrevista grupal (Morgan, 1996), de modo que se pudieran percibir más explícitamente sus ideas, percepciones, opiniones y pensamientos. Seguidamente se detallan brevemente cada una de estas dos técnicas de recogida de información.

- Cuestionario. Se empleó un cuestionario anónimo basado en los cuatro objetivos de investigación preestablecidos, que fue cumplimentado por un total de 12 familias participantes (algunas de ellas tenían más de un hijo participando en el programa). El cuestionario estaba compuesto por dos preguntas de respuesta abierta y 17 afirmaciones en las que debían marcar del 1 al 5 su grado de acuerdo mediante una escala Lickert.

- Entrevista grupal. Se realizó al finalizar la propuesta. Participaron 4 progenitores elegidos mediante la técnica de muestreo intencional, basada en la elección por parte del investigador de acuerdo a su criterio y conocimiento del grupo. Se seleccionó a aquellos participantes susceptibles de aportar información de calidad y más concreta con la que responder a la pregunta de investigación. Las preguntas vertidas en esta perseguían desvelar el significado que tuvo para los progenitores la participación de sus hijos e hijas en el programa de APS y su opinión sobre el mismo.

Análisis de datos

El estudio de la información obtenida se llevó a cabo mediante un análisis conjunto de contenido (Abela, 2002). Los datos extraídos del cuestionario se compilaron y codificaron en una base de datos. Por lo que respecta al análisis de la información cualitativa, el grupo de discusión fue transcrito y los participantes confirmaron la veracidad del mismo. Seguidamente se procedió a su análisis de forma inductiva, partiendo de una lista con cuatro categorías establecidas a priori (Fernández, 2006) y que coincidían con los cuatro objetivos de investigación. Seguidamente se llevó a cabo un proceso de codificación para hacer la organización más sencilla a la hora de realizar la triangulación de los resultados extraídos de la entrevista grupal con los datos de los cuestionarios.

Resultados

Los resultados obtenidos del análisis se clasificaron en cuatro categorías (efectos sobre los niños, efectos sobre el alumnado universitario, efecto sobre los progenitores y programa de APS). Los principales resultados se exponen a continuación:

-Efectos sobre los niños

Comenzando por el efecto que ha supuesto la asistencia de los niños y niñas con Autismo de Alto Funcionamiento al programa de APS, aquello que sus progenitores más han valorado ha sido el aprendizaje adquirido. En particular destacan, por un lado, su desarrollo a la hora de entender y seguir las normas de los juegos; y por otro, su aprendizaje a nivel social y relacional. Por ejemplo, uno de los padres en el grupo de discusión expuso que para él el programa de APS *"es otra alternativa, es una manera más de enseñarles [a los niños] a jugar y de relacionarse con los compañeros. Porque, a lo mejor, lo que ellos aprenden aquí con un grupo de niños pueden extrapolarlo después al patio de la escuela"*, un sentir extensible al resto de los participantes.

De manera general, los progenitores percibían que sus hijos no estaban integrados en la escuela, con sus compañeros de clase. En cambio, una de las madres consideraba que el programa *"es una manera de relacionarse con otros niños, de integrarse en un grupo"*. Para ellos es muy relevante ver que sus hijos se relacionan y conviven con otros y que, además, *"vienen muy contentos y muy a gusto"*.

-Efectos sobre el alumnado

Por lo que se refiere a los efectos del programa de APS sobre el alumnado universitario, los progenitores se muestran considerablemente convencidos de los beneficios que les aporta, tal y como queda patente mediante sus contestaciones en las preguntas abiertas del cuestionario. Por ejemplo, uno de los padres indicó que para él *"debería ser una actividad incluida en la formación de los docentes para que conocieran mejor el mundo del autismo"*, hecho que quedó refrendado en la entrevista grupal, donde comentaron que *"es muy importante la concienciación"* sobre el colectivo de personas con Autismo de Alto Funcionamiento.

En este sentido, destacaron que para los estudiantes de magisterio poder involucrarse en programas de este tipo *"es una manera de ver la diversidad que pueden encontrarse en el futuro en la escuela o en cualquier entorno"*. Otorgan mucha relevancia a esta cuestión porque, por lo general, perciben que hay poco conocimiento sobre este tema entre el colectivo docente con el que han tratado. Además, valoran en gran medida el aprendizaje práctico que esta experiencia aporta a los estudiantes porque *"esto les da mucha información y un bagaje de cara a su futuro profesional"*.

-Efectos sobre los progenitores

Por lo que respecta a cómo les afecta a ellos la participación de sus hijos en el programa, todos los participantes de la entrevista coincidieron en el hecho de que para ellos *"es un respiro, dos horas de relax"*. Comentaron que *"tenemos muchos problemas para encontrar actividades"* a las que poder llevar a sus hijos y, por tanto, a menudo ellos deben estar constantemente pendientes de los niños. Por eso, *"durante este rato los padres tenemos un respiro y los niños tienen una actividad adecuada a ellos, con lo que va bien tanto a padres como a hijos"*. Así que su sentir general era de agradecimiento hacia el programa porque se veían beneficiados por el mismo, tal y como expresaron en las preguntas abiertas del cuestionario. Por ejemplo, una de las familias escribió: *"Dar las gracias a tod@s l@s alum@s que han participado en este proyecto, pues la niña asiste muy feliz y esto a los padres nos da mucha tranquilidad y bienestar. GRACIAS!!"*

-Programa APS

Por último, en cuanto al programa de APS, 11 de las 12 familias que completaron el cuestionario se mostraron "muy de acuerdo" con la afirmación *"la Universidad debería de impulsar y promover más programas como el de APS"*. Además, en la entrevista comentaron que *"si lo hicierais todos los sábados (...) los chiquillos encantados de la vida"*. Otra posible mejora que propusieron fue *"preparar una sesión previa al comienzo del programa"* donde se les dé a los alumnos universitarios una formación un poco más específica sobre diferentes casos y posibilidades que pueden presentar los niños y niñas con Autismo de Alto Funcionamiento.

Discusión

Los resultados desvelan la concepción que tienen los progenitores de los niños y niñas que han recibido el servicio, una visión que se muestra en consonancia con el estado actual de la cuestión. Los cuatro objetivos de investigación han sido divididos en cuatro categorías diferentes para poder abordarlos con mayor claridad. En primer lugar, los progenitores consideran que el programa de APS ha generado una serie de efectos sobre sus hijos e hijas con Autismo de alto Funcionamiento. Más allá de mejoras a nivel motriz, se destaca la mejora a escala social, cuestión que se valora mucho, ya que se trata de una competencia esencial en las vidas de estos niños y niñas, tal y como comenta Rogers (2000). Mediante el programa propuesto, estos infantes han podido desarrollar dicha competencia, de manera que se ha contribuido a su integración en otros ámbitos (Myles y Simpson, 2002;

Stichter et al., 2010). De este modo, han percibido que gracias a la experiencia se ha favorecido una mejora integral en los niños y niñas, cuestión que ha influido positivamente en su calidad de vida. Asimismo, consideran que el hecho de haber podido estar en contacto con otros infantes y adultos ha contribuido efectivamente en su integración social (Simons y Cleary, 2006), puesto que han podido extrapolar las situaciones vividas en el programa a otros contextos similares en los que se encuentran, por ejemplo el colegio o el parque.

En segundo lugar, en la opinión de los progenitores implicados, el programa también ha influido ciertamente en el alumnado universitario que prestaba el servicio. En este sentido, destacan los beneficios que aporta al estudiantado el hecho de poder aprender de forma práctica, algo que ya había sido destacado por numerosos autores (Chambers y Lavery, 2012; Yang, 2012). Esta formación práctica y real ha generado, según los progenitores, que el estudiantado tuviera una nueva perspectiva sobre la integración y el colectivo de niños y niñas con Autismo de Alto Funcionamiento, en línea con lo expuesto por Baldwin, Buchanan y Rudisill (2007) o Billig (2000), que apreciaban una mayor comprensión de la diversidad y un mayor respeto mutuo entre el estudiantado y los receptores del servicio. En este mismo sentido, los padres también expusieron que el alumnado universitario participante ha adquirido una mayor concienciación con respecto a los niños y niñas con Autismo de Alto Funcionamiento, cuestión que ha propiciado que adquirieran una concepción más positiva sobre la discapacidad (Novak, Murray, Scheuermann y Curran, 2009) e incrementaran su responsabilidad personal y social (Weiler, La Goy, Crane, y Rovner, 1998).

En referencia al tercer objetivo de investigación, los progenitores se consideran también beneficiados por el programa de APS. En este sentido han destacado lo contentos que estaban por poder dejar a sus hijos en un programa adecuado para ellos, cuestión que parece ciertamente complicada en su entorno, y que esto les ha dado un respiro para poder descansar un par de horas de su labor como padres y madres. De este modo, parece que el programa de APS está atendiendo acertadamente a su labor en el marco de la RSU (Gaete, 2012), pero no solo con respecto a los receptores directos del servicio, sino también en relación a los receptores indirectos, es decir, sus progenitores.

Por último, se les preguntó a los progenitores sobre posibilidades de mejora del programa, ante lo que expusieron que les gustaría que tuviera una mayor duración y/o frecuencia. Por lo general, los programas de APS de este tipo suelen tener unas 20 horas de servicio directo (Mabry, 1998), cifra que en este caso no se ha alcanzado por tratarse de una experiencia piloto. Sin embargo, de cara al futuro, tratará de paliarse esta cuestión. Además, también comentaron la posibilidad de formar más específicamente al alumnado universitario con respecto al su conocimiento sobre el Autismo de Alto

Funcionamiento. Mediante el programa los estudiantes están poniendo en práctica sus aprendizajes sobre Didáctica de la Expresión Corporal, pero es cierto que podría intentarse vincular también otras asignaturas cuyo currículo incluya el tratamiento y aprendizaje sobre este colectivo u ofrecer una formación específica al alumnado que vaya a participar en la experiencia.

Conclusión

El presente estudio interpreta la percepción de un grupo de progenitores cuyos hijos han sido receptores de un programa de APS encaminado a desarrollar sus competencias motriz, social y emocional. Los resultados obtenidos afianzan el actual estado de la cuestión para esta área de conocimiento, y han sido divididos en cuatro categorías para responder a los cuatro objetivos de investigación propuestos.

En lo referente al impacto generado por el desarrollo del APS sobre los receptores directos del servicio, estos niños y niñas con Autismo de Alto Funcionamiento han podido trabajar y desarrollar su competencia motriz, pero aquello más valorado por sus progenitores ha sido su desarrollo de las competencias social y emocional, puesto que contribuye considerablemente en la mejora de su calidad de vida. De este modo, a partir de las opiniones expuestas, parece claro que se han atendido las necesidades específicas del colectivo de niños y niñas con Autismo de Alto Funcionamiento, favoreciendo desde el APS esa voluntad de transformación social a la que esta metodología aspira.

Por lo que respecta al estudiantado universitario que ha ofrecido el servicio, se afianza el estado actual de la cuestión. Según las opiniones vertidas por los participantes del estudio, se ha favorecido en gran medida su aprendizaje, considerándose este de gran calado gracias a su carácter práctico. Asimismo, han destacado que gracias al desarrollo del programa, consideran que los futuros docentes estarán mejor formados en relación a cuestiones específicas relacionadas con el Autismo de Alto Funcionamiento, pero especialmente destacan que experiencias de este tipo favorecen una mayor concienciación de los docentes hacia colectivos con algún tipo de necesidad especial. De este modo, parece evidente que consideran el programa de APS como una gran oportunidad para la formación de docentes más capacitados y con una mayor voluntad de integrar a todo el alumnado en su futuro profesional.

Por otra parte, cabe destacar que no solo consideran a sus hijos y al alumnado universitario como beneficiarios del programa desarrollado, sino que ellos mismos se consideran favorecidos indirectamente. Para ellos resulta un respiro poder dejar a sus hijos e hijas en un programa adaptado a sus características a la vez que les otorga un cierto tiempo para poder descansar de sus obligaciones como progenitores. De esta manera, se hace patente la contribución del programa de APS en respuesta a la RSU, no solo hacia el colectivo en cuestión que recibe el servicio, sino afectando positivamente también a sus familias.

Por último, al tratarse de un programa piloto, varias sugerencias de mejora también han sido expuestas. Por ejemplo, su aplicación durante más tiempo o una formación más específica del alumnado con respecto al Autismo de Alto Funcionamiento son considerados dos aspectos que podrían contribuir en su optimización en futuros programas. En definitiva, si bien es cierto que a partir de las opiniones vertidas por un grupo de progenitores no pueden generarse conclusiones categóricas con respecto a programas de APS, en este caso en particular servirá para mejorar implementaciones futuras en nuestro ámbito de acción teniendo en cuenta el punto de vista de uno de los colectivos indirectamente afectados por el programa. Además, de sus opiniones pueden desprenderse ideas que podrían extrapolarse a otros contextos y contribuir a su mejora.

Referencias bibliográficas

Abela, J. A. (2002*). Las técnicas de análisis de contenido: una revisión actualizada.* Sevilla: Fundación Centro de Estudios Andaluces.

Baldwin, S. C., Buchanan, A. M., y Rudisill, M. E. (2007). What teacher candidates learned about diversity, social justice, and themselves from service-learning experiences. *Journal of Teacher Education, 58*(4), 315-327.

Begeer, S., Koot, H. M., Rieffe, C., Terwogt, M. M. y Stegge, H. (2008). Emotional competence in children with autism: Diagnostic criteria and empirical evidence. *Developmental Review, 28*(3), 342-369.

Billig, S. H. (2000). Research on K-12 school-based service learning: The evidence builds. *Phi Delta Kappan, 81*(9), 658.

Chambers, D. J. y Lavery, S. (2012). Service-learning: A valuable component of pre-service teacher education. *Australian Journal of Teacher Education* (Online), *37*(4), 128-137.

Chang, M. L. (2009). An appraisal perspective of teacher burnout: Examining the emotional work of teachers. *Educational psychology review, 21*(3), 193-218.

Cohen, J. (2006). Social, emotional, ethical, and academic education: Creating a climate for learning, participation in democracy, and well-being. *Harvard educational Review, 76*(2), 201-237.

Denham, S., Mason, T., Caverly, S., Schmidt, M., Hackney, R., Caswell, C. y DeMulder, E. (2001). Preschoolers at play: Co-socialisers of emotional and social competence. *International Journal of Behavioral Development, 25*(4), 290-301.

Fernández, L. (2006). Cómo analizar datos cualitativos. *Butlletí LaRecerca, 6*, 1-13.

Gaete Quezada, R. y Bratos Martín, M. (2012). Una mirada a la internacionalización universitaria desde la perspectiva de la responsabilidad social: discursos de los jóvenes investigadores. *Estudios pedagógicos (Valdivia), 38*(1), 255-272.

Galvan, C. y Parker, M. (2011). Investigating the reciprocal nature of service-learning in physical education teacher education. *Journal of Experiential Education, 34*(1), 55-70.

García-Marzá, D. (2003). Confianza y poder: la responsabilidad moral de las empresas de la comunicación. En A. Cortina (Ed.), *Construir confianza: ética de la empresa en la sociedad de la información y las comunicaciones* (pp. 195-220). Madrid; Trotta.

Ghaziuddin, M. y Butler, E. (1998). Clumsiness in autism and Asperger syndrome: A further report. *Journal of Intellectual Disability Research, 42*(1), 43-48.

Green, D., Charman, T., Pickles, A., Chandler, S., Loucas, T., Simonoff, E. y Baird, G. (2009). Impairment in movement skills of children with autistic spectrum disorders. *Developmental Medicine & Child Neurology, 51*(4), 311-316.

Gutstein, S. E. y Whitney, T. (2002). Asperger syndrome and the development of social competence. *Focus on Autism and Other Developmental Disabilities, 17*(3), 161-171.

Hilton, C., Wente, L., LaVesser, P., Ito, M., Reed, C. y Herzberg, G. (2007). Relationship between motor skill impairment and severity in children with Asperger syndrome. *Research in Autism Spectrum Disorders, 1*(4), 339-349.

Jeste, S. S. (2011). The Neurology of Autism Spectrum Disorders, *Current opinion in neurology, 24*(2), 132-139.

Kopp, S., Beckung, E. y Gillberg, C. (2010). Developmental coordination disorder and other motor control problems in girls with autism spectrum disorder and/or attention-deficit/hyperactivity disorder. *Research in developmental disabilities, 31*(2), 350-361.

Laurent, A. C. y Rubin, E. (2004). Challenges in Emotional Regulation in Asperger Syndrome and High-Functioning Autism. *Topics in Language Disorders, 24*(4), 286-297.

Mabry, J. B. (1998). Pedagogical Variations in Service-Learning and Student Outcomes: How Time, Contact, and Reflection Matter. *Michigan Journal of Community Service Learning, 5,* 32-47.

Miller, M. (2012). The role of service-learning to promote early childhood physical education while examining its influence upon the vocational call to teach. *Physical Education & Sport Pedagogy, 17*(1), 61-77.

Morgan, D. L. (1996). Focus groups. *Annual review of sociology, 22*(1), 129-152.

Ming, X., Brimacombe, M. y Wagner, G. C. (2007). Prevalence of motor impairment in autism spectrum disorders. *Brain and Development, 29*(9), 565-570.

Myles, B. S. y Simpson, R. L. (2002). Asperger syndrome: An overview of characteristics. *Focus on Autism and Other Developmental Disabilities, 17*(3), 132–137.

Navarro, G. (2015). *Construcción de conocimiento en educación superior.* Concepción: Sello Editorial Llibre.

Niss, M. (2002). *Mathematical competencies and the learning of mathematics: the Danish Kom Project.* Roskilde: Roskilde University.

Novak, J., Murray, M., Scheuermann, A. y Curran, E. (2009). Enhancing the Preparation of Special Educators through Service Learning: Evidence from Two Preservice Courses. *International Journal of Special Education, 24(1), 32-44.*

Pechak, C. y Thompson, M. (2011). Going global in physical therapist education: International service-learning in US-based programmes. *Physiotherapy Research International, 16*(4), 225-236.

Rogers, S. (2000). Interventions that facilitate socialization in children with autism. *Journal of Autism and Developmental Disorders, 30*, 399–409.

Simons, L. y Cleary, B. (2006). The influence of service learning on students' personal and social development. *College Teaching, 54*(4), 307-319.

Stichter, J. P., Herzog, M. J., Visovsky, K., Schmidt, C., Randolph, J., Schultz, T. y Gage, N. (2010). Social competence intervention for youth with Asperger syndrome and high-functioning autism: An initial investigation. *Journal of autism and developmental disorders, 40*(9), 1067-1079.

Stichter, J. P., O'Connor, K. V., Herzog, M. J., Lierheimer, K. y McGhee, S. D. (2012). Social competence intervention for elementary students with Aspergers syndrome and high functioning autism. *Journal of autism and developmental disorders, 42*(3), 354-366.

Sumner, E., Leonard, H. C. y Hill, E. L. (2016). Overlapping phenotypes in autism spectrum disorder and developmental coordination disorder: A cross-syndrome comparison of motor and social skills. *Journal of autism and developmental disorders, 46*(8), 2609-2620.

Szatmari, P., Archer, L., Fisman, S., Streiner, D. L. y Wilson, F. (1995). Asperger's syndrome and autism: Differences in behavior, cognition, and adaptive functioning. *Journal of the American Academy of Child & Adolescent Psychiatry, 34*(12), 1662-1671.

Yang, Y. T. C. (2012). Cultivating critical thinkers: Exploring transfer of learning from pre-service teacher training to classroom practice. *Teaching and Teacher Education, 28*(8), 1116-1130.

Weiler, D., La Goy, A., Crane, E. & Rovner, A. (1998). An evaluation of K-12 service-learning in California: Phase II final report. Emeryville, CA: RPP International with the Search Institute.

CAPÍTULO IV

APRENDIZAJE-SERVICIO EN PROGRAMAS DE EJERCICIO FÍSICO PARA PERSONAS ADULTAS-MAYORES

Celina Salvador García
Universitat Jaume I, España

Ricardo Martín-Moya
Universidad de Granada, España

Pedro Jesús Ruiz-Montero
Universidad Internacional de La Rioja, España

Resumen

El Aprendizaje-Servicio (ApS) ha cobrado relevancia en las últimas décadas debido a las necesidades que la sociedad actual demanda. Sin embargo, la utilización del término no siempre es la acertada porque las características del grupo que recibe el voluntariado o el alumnado participante, no reúnen las condiciones que satisfagan dicha metodología. Por ello, surge la necesidad de aclarar el significado del término según el contexto en el que se aplique. El ApS se puede caracterizar por diferentes aspectos psico-sociales y se deben tener en cuenta diversas consideraciones a la hora de planificar los diferentes programas. Por otro lado, las personas mayores forman un colectivo que, debido a sus características, necesitan de una atención personalizada a través de la metodología de ApS. El presente documento recoge diversa información acerca del tratamiento de los factores psico-sociales y sus características en mayores. Uno de los aspectos que mayor preocupa en este colectivo es el bienestar físico. Por ello, se describen algunas de las consideraciones más importantes a tener en cuenta en la creación y planificación de programas de ejercicio físico y educación permanente cuyo objetivo poblacional sea el formado por las personas mayores.

Palabras claves

Personas mayores, aprendizaje-servicio, ejercicio físico, envejecimiento.

Introducción

La metodología de aprendizaje se asimila a otras metodologías activas ya existentes con experiencias educativas de igual forma o parecidas, pero con ideas y principios diferentes (Ruiz-Montero, Chiva-Bartoll y Rivera-García, 2016). Este hecho ayuda a conocer la gran variedad de técnicas y metodologías de trabajo respecto a estudiantes voluntarios y colectivos sociales necesitados.

La educación permanente y la participación en actividades atrayentes son esenciales para el bienestar humano a cualquier edad (Ruokonen y Ruismäki, 2011). Uno de los colectivos que requiere de oportunidades relacionadas con la educación permanente es el compuesto por los adultos y personas mayores. El envejecimiento es un fenómeno natural, en curso, universal, irreversible y heterogéneo que ha sido causa de preocupación desde los primeros tiempos (Soldevilla et al., 2005). Este proceso tiene lugar no solo biológicamente hablando, sino también en otras áreas de la vida, causando cambios en lo afectivo, físico, social, personal, cultural así como en el plano económico (Huber y Watson, 2014).

El descenso de la mortalidad resultante de los avances sociales y de los tratamientos de salud, ha propiciado el aumento de la longevidad, forzando a las instituciones nacionales e internacionales a reconsiderar las necesidades de este grupo poblacional e implementar nuevas estrategias y mecanismos que permitan el envejecimiento activo de este colectivo y su continua participación en la sociedad (Díaz, López, Aguilar y Padilla, 2016).

En esta línea, las instituciones gubernamentales han comenzado a definir nuevas políticas y planes relacionados con el cuidado, no solo del aspecto físico sino también de las condiciones psicológicas del adulto mayor para adaptarse así a los rápidos cambios sociales, ayudarles con su independencia, a reafirmar su valor personal, conseguir su crecimiento individual y lograr así realización personal (Hsieh, 2010). Sin embargo, hay que tener en cuenta que todos estos objetivos han de ser conseguidos mediante prácticas y procesos bien estructurados dentro del marco de la educación permanente.

En este contexto, el objetivo del presente trabajo será presentar alternativas de trabajo con personas mayores a través del Aprendizaje-Servicio (ApS) y con estudiantes universitarios como voluntarios.

Un componente esencial en la salud de la persona mayor que se puede trabajar es el factor social y personal propio del ApS, teniendo en cuenta las pautas de creación de programas adecuados para este sector poblacional y conseguir así, el envejecimiento activo y la mejora del bienestar físico en este grupo poblacional.

Objetivos Generales

En base a lo expuesto anteriormente, el objetivo general del presente trabajo será presentar la revisión de la literatura que muestra diferentes cuestiones referentes a la educación permanente, posando, en concreto, el punto de mira en las oportunidades disponibles para los adultos mayores. Para ello se describen diferentes variables que afectan al bienestar del adulto mayor, los factores socio personales propios de la educación permanente, el papel del ApS, y las pautas a tener en cuenta en la creación de programas de educación permanente y conseguir, así, un envejecimiento activo y una mejora del bienestar físico en este grupo poblacional.

Método

Para la elaboración de la presente revisión se utilizaron las siguientes estrategias de búsqueda general. El primer paso constó de una búsqueda doble, tanto en lengua inglesa como española, en el buscador Web of Science, el cual alberga diferentes bases de datos. De dicho buscador se tuvieron en cuenta todas las publicaciones comprendidas en el periodo de tiempo transcurrido entre 1995 y 2016. En primer lugar, se realizó la búsqueda con los términos en español relacionados con el tema de estudio (educación permanente, aprendizaje permanente, adulto mayor, aprendizaje servicio, envejecimiento activo y bienestar personal). Posteriormente, se siguió la misma estrategia de búsqueda y en la misma base de datos, pero con los términos en inglés (lifelong learning, continuous learning, elderly people, service learning, active ageing and personal well-being).

Finalmente, las referencias de todos los artículos obtenidos fueron revisadas siguiendo la estrategia de bola de nieve para identificar la posible existencia de otras publicaciones interesantes en la temática de la educación permanente, el ApS y los programas para la mejora del bienestar físico y mental de las personas mayores. Respecto a los criterios de inclusión, se utilizaron artículos y libros que se ciñeran al tema de estudio en relación a las características específicas del ApS y de la educación permanente y las variables (necesidades personales, intereses, capacidades, influencias sociales, etc.) a tener en cuenta en este tipo de educación.

Tratamiento de los factores psico-sociales en el adulto mayor e importancia de una educación permanente mediante el ApS

El aprendizaje se produce constantemente a lo largo de toda la vida de las personas. Requiere de un proceso de conciencia y capacidad para utilizar lo que sabemos para adquirir nuevos conocimientos. Ciertamente, es nuestra habilidad de ser reflexivos y compartir lo que hemos aprendido con otras generaciones, uno de los pilares de nuestra existencia y continuidad como especie (Brown, 1989). Además, el aprendizaje es un proceso que los humanos desarrollan de manera continuada durante todo su periodo vital, siendo aprendices de experiencias nuevas y ya vivenciadas (Billett, 2009).

La necesidad de la educación permanente incluye completar tareas requeridas en la vida cotidiana, por ello, este tipo de aprendizaje está dirigido por nuestras necesidades personales, mediado por nuestras capacidades e intereses y formado por las contribuciones sociales del mundo que nos rodea. Aprendizaje es, por lo tanto, mucho más que un proceso personal dirigido por nuestras capacidades, intereses, vivencias e influencias y surge de la conciencia humana por involucrarse en los procesos sociales.

En este sentido, el bienestar social es uno de los conceptos más determinantes en el adulto mayor a la hora de participar en programas de educación permanente. Esta participación asegura la socialización interpersonal y con ello se aumenta la autoestima y el sentimiento de pertenencia a un grupo. El establecimiento de relaciones interpersonales adecuadas puede suponer un rol de vital importancia en la determinación del éxito personal, cuestión que está asociada a la felicidad y con ello al aumento de la calidad de vida de los adultos mayores (Hung y Lu, 2014). Como se ha descrito anteriormente, la educación permanente en el colectivo de los adultos mayores busca maximizar el impacto de la cultura, el conocimiento, las habilidades sociales y su participación en diversas actividades sociales en su bienestar y calidad de vida (Escuder-Mollón, 2012).

Existen varios motivos por los que las personas se involucran en actividades diversas de aprendizaje y con diferentes grados de interés, intensidad, intencionalidad y esfuerzo. Estos motivos incluyen el aprendizaje para comunicarse con otras personas, unirse a eventos sociales y desarrollar las capacidades para participar en actividades socialmente valoradas como pueden ser: ser un buen hijo, abuela, abuelo, madre, profesor, amiga, etc (Billett, 2010). Este tipo de aprendizaje es permanente y tiene un carácter transformador (Allan, 2005).

En base a lo anterior, se necesita de agentes sociales mediante los que acceder al conocimiento social derivado de las diferentes actividades. Por ello, durante toda la vida, nuestro aprendizaje está respaldado por padres, familiares, amigos, compañeros de clase, de trabajo, encuentros sociales y aquellas personas que nos ayudan a aprender (profesores, entrenadores, mentores, etc.). De esta manera, la educación permanente es un proceso sociopersonal mientras negociamos nuestros pensamientos, actuamos y formamos parte de las diversas actividades interactuando con el resto de personas (Searle, 1995).

El ApS es un método pedagógico activo, participativo y globalizador al que varios autores definen a partir de términos como solidaridad, ayuda, apoyo a la comunidad o cooperación (Gil-Gómez, Chiva-Bartoll y Martí-Puig,

2015). Por definición el ApS implica aprender a la vez que se presta un servicio social a colectivos necesitados o en riesgo de exclusión social, por lo que siempre va acompañado de un alto componente social y de aprendizaje aplicado (Miller, 2012). Es importante destacar el nexo que se establece entre una persona adulta mayor con el alumnado que realiza un ApS, además de la percepción de otra realidad o cultura que recibe (Bell, Hor y Roxas, 2007), ya que el alumnado universitario va a asentar los cimientos y condiciones óptimas para crear el futuro docente que esperan ser (Root, Callahan y Sepanski, 2002). Los alumnos que intervienen en un ApS con mayores pueden adquirir valores éticos y ciudadanos que intrínsecamente formarán parte de su personalidad y ayudarán en su relación con los demás y el medio que les rodea. Además, la práctica de ejercicio en personas mayores es un medio favorecedor de aprendizajes óptimos que va a fortalecer la personalidad y el carácter del alumnado implicado, mejorando el bienestar de una parte importante de la comunidad como son las personas mayores (Ruiz-Montero, Chiva-Bartoll y Rivera-García, 2016).

Bienestar físico y elaboración de programas de educación permanente en el adulto mayor (Ruiz-Montero, Martín-Moya y Chiva-Bartoll, 2016)

Cada etapa de la vida tiene su propia y más adecuada pedagogía en la consecución de los objetivos de aprendizaje propuestos, y lo mismo puede ser descrito para la educación permanente. Cuando el adulto mayor asiste a algún programa de educación, sus objetivos no son los de adquirir herramientas profesionales o competir por destacar en su aprendizaje. Sus objetivos están más relacionados con intereses personales, sociales, así como la adaptación e integración a la sociedad actual, participando de manera activa como ciudadanos y, sobre todo, mejorando su calidad de vida durante el proceso de aprendizaje (Escuder, Esteller, Ochoa y Bardus, 2014). Por lo tanto, siguiendo a Escuder-Mollon (2012), cumplir los objetivos socio-personales que debe buscar la educación permanente en el adulto mayor serían:

-Satisfacer su curiosidad por adquirir nuevas habilidades

La educación permanente puede satisfacer las necesidades de los adultos mayores ofreciendo los caminos para adquirir nuevas habilidades, tanto físicas como mentales (Altermann, Martins, Carpes y Mello-Carpes, 2014). Este tipo de educación es un derecho para todas las personas y el adulto mayor no debe de ser negado a tal derecho.

-Formar parte de un grupo

A través de la educación se pueden mejorar las habilidades personales y sociales. Formar parte de un grupo implica la necesidad de socializarse, discutir y defender nuestras propias opiniones. Los ambientes de aprendizaje pueden ser aplicados para generar habilidades de trabajo en grupo, colaboraciones, expresar opiniones basadas en principios personales y comunicarse de manera fluida con sus iguales (Escuder-Mollon, 2012).

-Integración del adulto mayor en la actual sociedad cambiante

Los ciudadanos que no entienden los cambios políticos, económicos, sociales, de salud y tecnológicos que suceden en todo el mundo, están en riesgo de exclusión social (Kobylarek, 2010). Por ello, surge la necesidad de que participen en actividades formativas para entender que está pasando y los nuevos roles sociales que se encuentran en continuo cambio.

-Ayudar a entender los cambios individuales

Es importante entenderse y conocerse bien a uno mismo en cualquier etapa de la vida. Sin importar la causa, sea biológica, domestica, económica, etc., cualquier cambio debe de ser asimilado, aceptado y cambiado en la medida que sea posible (Chehregosha, 2015). En este colectivo, las instituciones educativas tienen una tarea pendiente en la promoción de este entendimiento y así promover una actitud positiva en los adultos mayores.

-Participación activa en la sociedad

La experiencia de los adultos mayores debe de ser conservada y la sociedad puede aprovechar su participación en la educación permanente dándole un buen uso. Formalmente, estudiar en universidades o centros autorizados puede incrementar su aprendizaje, pero también pueden hacerlo a niveles no formales como pueden ser talleres o actividades planteadas en orden de aumentar la participación activa de este colectivo poblacional en actividades intergeneracionales o voluntarias (Díaz et al., 2016).

Cuando las necesidades básicas están cubiertas, el bienestar personal en su estado subjetivo está relacionado con la actitud, motivación, integración, participación en la comunidad social, y cumplir los propósitos personales en la vida. Desde este punto de vista, la educación permanente puede mejorar el bienestar personal del adulto mayor (Escuder et al., 2014). Todos estos factores influyen en la participación del adulto mayor en los programas de educación permanente, cuyos intereses están enfocados en el aprendizaje de nuevos retos sociales con los que puedan adquirir las competencias necesarias para ser parte de la comunidad social y mediante su participación, ser parte activa de la sociedad.

-Bienestar físico del adulto mayor

El aspecto más valorado por los adultos mayores es el bienestar físico, seguido por el bienestar psicológico (Escuder et al., 2014). Teniendo en cuenta que el proceso de envejecimiento es un fenómeno irreversible y que normalmente se acompaña de estilos de vida sedentarios, estos hábitos provocan serias limitaciones físicas en las personas mayores (Vallejo, Ferrer,

Jimena y Fernández, 2004). Numerosos estudios han sugerido que los factores relacionados con la salud son uno de los aspectos relacionados con la satisfacción y calidad de vida personal del adulto mayor (Gallegos-Carrillo, García-Peña, Reyes y Duran, 2006; Uribe, Valderrama y Molina 2007). De hecho, las prácticas positivas y satisfactorias vividas en torno a la realización de ejercicio físico, teniendo la salud y bienestar personal como propósito principal, son un hecho común y contrastado en los adultos mayores participantes en programas de ejercicio físico (Vaquero-Barba, Garay-Ibáñez-De-Elejalde y Ruiz-De-Arcaute-Graciano, 2015).

Si se tienen en cuenta las capacidades físicas básicas y su detrimento con el proceso de envejecimiento, uno de los componentes que mayor deterioro sufre es la fuerza, la cual afecta a la condición física y la pérdida de capacidad funcional del adulto mayor (Landers, Hunter, Wetzstein, Bamman y Weinsier, 2001). El descenso de la fuerza aumenta con la edad debido a los condicionantes genéticos, hábitos de vida y enfermedades de tipo crónico (Ruiz-Montero, Castillo-Rodríguez, Mikalacki y Delgado-Fernández, 2015). En esta línea, la práctica regular de ejercicio físico propiciará la consecución de un proceso de envejecimiento más saludable. El mantenimiento de la fuerza en este colectivo poblacional debe ser abordado con ejercicios específicos para ajustarse a las necesidades y limitaciones de las personas mayores, siendo prescrito por profesionales en ejercicio físico y deporte (Franklin, Whaley y Howley, 2000).

Además de la fuerza, la capacidad aeróbica, el equilibrio y la flexibilidad también se ven afectados con el proceso de envejecimiento. Siguiendo a Frank y Patla (2003), el control del equilibrio es un pilar fundamental a la hora de conseguir una movilidad adecuada y mejorar así el bienestar en el día a día de las personas mayores. Por otro lado, la felxibilidad está también relacionada con la movilidad y su mejora puede prevenir el riesgo de lesiones en el adulto mayor (Takata et al., 2012). En última instancia, la capacidad aeróbica es una de las capacidades que mayor merma sufre en las personas mayores (Fleg et al., 2005), sufriendo un deterioro a partir de los 40 años y perdiendo hasta el 30% después de los 65 años (Kostić, Uzunović, Pantelić y Đurašković, 2011).

Los adultos mayores sufren un deterioro objetivo de sus capacidades físicas que suele venir acompañada, como se ha descrito anteriormente, de trastornos en las relaciones sociales además de a nivel psicológico (Trifunovic y Ventura, 2014). Por ello, no se justifica de ninguna manera que este grupo poblacional sea considerado menos importante o de menor utilidad que cualquier otro, siendo una necesidad actual la revaloración social de las personas mayores y la creación de programas de educación permanente ajustados a sus características físicas, psicológicas y sociales.

En base a lo anterior, los programas de educación permanente relacionados con la actividad física cuyo foco esté centrado en el adulto mayor, deben tener en cuenta las características propias de este colectivo, y no solo abordar la mejora de la condición física de los mismos. Deben tratar de conseguir un aprendizaje por parte de las personas mayores en base a cómo llevar un estilo de vida saludable con éxito y aprender las herramientas necesarias para conseguirlo con autosuficiencia.

Conclusiones

La forma de tratar e interpretar los factores psico-sociales de la educación permanente en el adulto mayor y las consideraciones a tener en cuenta en la elaboración de propuestas de educación permanente relacionadas con el bienestar personal y físico de las personas mayores ha sido la característica principal del presente trabajo. Hoy en día, la situación social y económica hace que las instituciones relacionadas con la educación y el ejercicio físico, quieran intervenir directamente en la creación de programas que den un servicio a la comunidad cada vez más solicitado.

Entonces, la práctica de ejercicio en personas adultas y mayores es un medio favorecedor de aprendizajes óptimos que va a fortalecer la consecución de un estilo de vida adecuado, mejorando el bienestar de una parte importante de la comunidad como son las personas mayores.

A consecuencia de los cambios sociales, económicos, tecnológicos y culturales actuales, se están acometiendo transformaciones que además de ser constantes, son profundas y rápidas. En los últimos años, la revolución tecnológica ha supuesto la irrupción de la sociedad de la información. Esto ha supuesto una mayor variedad multicultural, cambios en los valores sociales y la globalización. Por todo ello, el papel de la educación permanente ha llegado a calificarse como una necesidad inevitable (Aparicio, 2014).

Referencias bibliográficas

Allan, J. (2005). Farmers as Learners: Evolving Identity, Disposition and Mastery through Diverse Social Practices. Rural Society, 15(1), 4-21.

Altermann, C. D. C., Martins, A. S., Carpes, F. P. y Mello-Carpes, P. B. (2014). Influence of mental practice and movement observation on motor memory, cognitive function and motor performance in the elderly. Brazilian journal of physical therapy, 18(2), 201-9.

Aparicio, J. E. V. (2014). Educación permanente: los programas universitarios para mayores en España como respuesta a una nueva realidad social. Revista de la Educación Superior, 43(171), 117-138.

Aspin, D. N. y Chapman, J. D. (2000). Lifelong learning: concepts and conceptions. International Journal of lifelong education, 19(1), 2-19.

Bell, C. A., Horn, B. R. y Roxas, K. C. (2007). We know it's service, but what are they learning? Preservice teachers' understandings of diversity. Equity & Excellence in Education, 40(2), 123-133.

Billett, S. (2009). Conceptualizing Learning Experiences: Contributions and Mediations of the Social, Personal, and Brute. Mind; Culture, and Activity, 16(1), 32-47.

Billett, S. (2010). The perils of confusing lifelong learning with lifelong education. International Journal of Lifelong Education, 29(4), 401-413.

Brown, R. (1989). Human Agency and Language, Philosophical Papers. Philosophy of the Social Sciences, 19(1), 109-115.

Chehregosha, M., Bastaminia, A., Vahidian, F., Mohammadi, A., Aghaeinejad, A., Jamshidi, E. y Ghasemi, A. (2015). Life Satisfaction Index among Elderly People Residing in Gorgan and Its Correlation with Certain Demographic Factors in 2013. Global Journal of Health Science, 8(8), 41-49.

Díaz-López, M., López-Liria, R., Aguilar-Parra, J. M. y Padilla-Góngora, D. (2016). Keys to active ageing: new communication technologies and lifelong learning. SpringerPlus, 5(1), 1-8.

Escuder-Mollon, P. (2012). Modelling the Impact of Lifelong Learning on Senior Citizens' Quality of Life. Procedia - Social and Behavioral Sciences, 46, 2339-2346.

Escuder-Mollon, P., Esteller-Curto, R., Ochoa, L. y Bardus, M. (2014). Impact on Senior Learners' Quality of Life through Lifelong Learning. Procedia - Social and Behavioral Sciences, 131, 510-516.

Fleg, J. L., Morrell, C. H., Bos, A. G., Brant, L. J., Talbot, L. A., Wright, J. G. y Lakatta, E. G. (2005). Accelerated longitudinal decline of aerobic capacity in healthy older adults. Circulation, 112(5), 674-682.

Frank, J. S. y Patla, A. E. (2003). Balance and mobility challenges in older adults: Implications for preserving community mobility. American Journal of Preventive Medicine, 25(3) (Suppl 2) 157-163.

Franklin, B., Whaley, M. y Howley, E. (2000). ACSM's Guidelines for Exercise Testing and Prescription. 6th edition. Philadelpia, Lippincott Williams & Wilkins, 137–164.

Gallegos-Carrillo K., García-Peña C., Reyes H. y Duran L. (2006). Self-rated health status: an approach to the elderly in Mexico. Revista Salud Pública, 40, 792-801.

Gil-Gómez, J., Chiva-Bartoll, O. y Martí-Puig, M. (2015). The impact of service learning on the training of pre-service teachers. Analysis from a physical education subject. European Physical Education Review, 21(4), 467-484.

Hsieh, H. J. (2010). Museum lifelong learning of the aging people. Procedia - Social and Behavioral Sciences, 2, 4831-4835.

Huber, L. y Watson, C. (2014). Technology: Education and training needs of older adults. Educational Gerontology, 40(1), 16-25.

Hung, J.-Y. y Lu, K.-S. (2014). Research on the Healthy Lifestyle Model, Active Ageing, and Loneliness of Senior Learners. Educational Gerontology, 40(5), 353-362.

Kobylarek, A. (2010). Integration of Elderly Citizens through Learning. New Educational Review, 22, (3-4), 309-314.

Kostić, R., Uzunović, S., Pantelić, S. y Đurašković, R. (2011). A comparative analysis of the indicators of the functional fitness of the elderly. / Komparativna analiza pokazatelja funkcionalnog fitnesa starih ljudi. Facta Universitatis: Series Physical Education & Sport, 9(2), 161-171.

Landers, K., Hunter, G., Wetzstein, C., Bamman, M. y Weinsier, R. (2001). The Interrelationship Among Muscle Mass, Strength, and the Ability to Perform Physical Tasks of Daily Living in Younger and Older Women. The Journals of Gerontology Series A: Biological Sciences and Medical Sciences, 56(10), B443-B448.

Limón, M. R. y Ortega, M. del C. (2011). Envejecimiento activo y mejora de la calidad de vida en adultos mayores. Revista de Psicología y Educación, 6, 225-238.

Miller, M. (2012). The role of service-learning to promote early childhood physical education while examining its influence upon the vocational call to teach. Physical Education & Sport Pedagogy, 17(1), 61-77.

Root, S., Callahan, J. y Sepanski, J. (2002). Building teaching dispositions and service-learning practice: A multi-site study. Michigan Journal of Community Service Learning, 8(2), 50-60.

Ruiz-Montero, P. J., Castillo-Rodriguez, A., Mikalacki, M. y Delgado-Fernandez, M. (2015). Physical Fitness Comparison and Quality of Life between Spanish and Serbian Elderly Women through a Physical Fitness Program. Collegium antropologicum, 39(2), 411-417.

Ruiz-Montero, P.J., Chiva-Bartoll, O. y Rivera-García, E. (2016). "Aprendizaje-servicio" en los grados universitarios de educación física: ejercicio físico con personas mayores. Ágora para la educación física y el deporte, 18(3), 244-258.

Ruiz-Montero, P.J., Martín-Moya, R. y Chiva-Bartoll, O. (2016). Educación permanente: factores psico-sociales y programas de actividad física en el adulto mayor. Revista Italiana de Pedagogía del Deporte, 2, 66-73.

Ruokonen, I. y Ruismäki, H. (2011). Lifelong Learning and Musical Interaction–Integrated Musical Activity Increases the Well-being of Older People. Procedia-Social and Behavioral Sciences, 12, 340-345.

Searle, J. R. (1995). Construction of Social Reality. New York:The Free Press.

Soldevilla, J. J. (2005). JJ. Cuidados en situaciones de dependencia: las úlceras por presión. En J. Giró (Ed.), Envejecimiento, salud y dependencia (pp. 189-207). Logroño: Universidad de la Rioja.

Takata, Y., Ansai, T., Soh, I., Awano, S., Yoshitake, Y., Kimura, Y., Nakamichi, I., et al. (2012). Physical fitness and 6.5-year mortality in an 85-year-old community-dwelling population. Archives of Gerontology and Geriatrics, 54(1), 28-33.

Trifunovic, A. y Ventura, N. (2014) Mitochondria and metabolic control of the aging process. Experimental Gerontology, 57, 272.

Uribe A. F., Valderrama A. J. y Molina J. M. (2007). Objective health and mental health in older adults Colombians. Acta Colombiana de Psicología, 10(1), 75-81

Valcárcel, M. J. B. (2003). Educación permanente y educación social: controversias y compromisos. Arxius de sociología, 8, 181-183.

Vallejo, N. G., Ferrer, R. V., Jimena, I. C. y Fernández, J. A. D. P. (2004). Valoración de la condición física funcional, mediante el Senior Fitness Test, de un grupo de personas mayores que realizan un programa de actividad física. Apunts. Educación física y deportes, 2(76), 22-26

Vaquero-Barba, A., Garay-Ibáñez-De-Elejalde, B. y Ruiz-De-Arcaute-Graciano, J. (2015). La importancia de las experiencias positivas y placenteras en la promoción de la actividad física orientada hacia la salud. Ágora para la educación física y el deporte. 17(2), 168-181.

CAPÍTULO V

APRENDIZAJE-SERVICIO UNIVERSITARIO EN ESCUELAS DE PERSONAS ADULTAS DE LA PROVINCIA DE CASTELLÓN

Celina Salvador-García
Universitat Jaume I, España

María Santágueda-Villanueva
Universitat de València, España

Jesús Gil-Gómez
Universitat Jaume I, España

Ricardo Martín-Moya
Universidad de Granada, España

Resumen

El texto que aquí se presenta narra una experiencia de Aprendizaje-Servicio (APS) promovida por el grupo de investigación ENDAVANT dentro del proyecto de investigación "Aprendizaje-Servicio e Historias de Vida en la formación de los futuros maestros: innovación metodológica a la Universidad pública" (financiado por la Conselleria de Educación, Investigación, Cultura y Deporte de la Generalitat Valenciana dentro de la convocatoria de proyectos de investigación de I+D, con referencia GV/2016/167). Este proyecto, al que nos referiremos con el acrónimo INNOVA+3, ha propiciado una aplicación metodológica de APS llevada a cabo con estudiantes de los grados de maestro de la Universidad Jaume I durante el curso 2016/2017. La aplicación de este método pedagógico en la modalidad de servicio directo se ha realizado en centros de Formación de Personas Adultas (FPA) de la provincia de Castellón. El servicio ha consistido en colaborar con los centros FPA para contribuir a mejorar conjuntamente la acción educativa en grupos de Alfabetización y Neolectores, compuestos mayoritariamente por personas de edad avanzada.

Aplicado en tres asignaturas del plan de estudios de los grados de maestro/a, dos vinculadas al área de Didáctica de la Expresión Corporal y una a la de Didáctica y Organización Escolar, el estudiantado acudía a los centros educativos en grupos de cuatro o cinco personas. Con la guía y asesoramiento por parte de los docentes y de diferentes miembros del proyecto preparaban, tras una fase de detección de necesidades, un programa de intervención que se circunscribía al campo de conocimiento de la asignatura en la que se está trabajando. La acción a desarrollar está basada en un proceso de investigación-acción que supone analizar una realidad escolar, reflexionar sobre ella, diseñar un plan de acción, aplicarlo un mínimo de 20 horas de intervención directa y, finalmente, evaluar su eficacia.

Mediante esta experiencia se espera que el alumnado implicado preste un servicio a la comunidad, consistente en la promoción del envejecimiento activo entre la población de edad avanzada, a la vez que aprende contenidos vinculados con las asignaturas participantes.

Palabras claves

Aprendizaje-Servicio, Universidad, Educación, Educación Física, Envejecimiento Activo.

Introducción

El periodo expansivo de la economía de la primera década del 2000 ha dejado una herencia envenenada en forma de crisis económica y financiera que ha afectado a todos los niveles de la sociedad. Todavía hoy en día sus efectos se perciben en la vida cotidiana de las personas, incluso poniendo en cuestión el estado del bienestar. Desde un punto de vista práctico a efectos del presente proyecto, esta situación se refleja en tres aspectos sobre los que vamos a incidir.

Por un lado, a nivel educativo, el fracaso escolar se sitúa en unos porcentajes muy preocupantes (23% de abandono prematuro según la OCDE). El incremento de la desigualdad y la carencia de oportunidades que esto supone es un peso enorme para la creación de una sociedad más justa. Ninguna administración ni entidad puede ser ajena a esta realidad. Esta situación ha generado la existencia de colectivos sin ninguna formación que han quedado prácticamente en la exclusión social al perder los trabajos poco cualificados que desarrollaban durante la época de crecimiento económico. Son muchos los frentes desde los que se puede abordar esta realidad. Una de las finalidades de este proyecto es hacerlo desde la innovación en la formación de los futuros docentes. Se pretende innovar en la capacitación de maestras y maestros a través del uso de nuevas metodologías que suponen un valor añadido en este campo.

La mencionada crisis económica y financiera ha dejado al descubierto otra crisis: la de los valores. Nos hemos dado cuenta, como sociedad, de que la existencia de determinados valores como la irresponsabilidad, la codicia, la insolidaridad, etc. han conducido a un deterioro de la convivencia hasta unos límites insospechados. Hay que empezar a crecer en otro sentido, fomentando valores que deriven en actitudes y conductas solidarias, responsables y justas. Es aquí donde la educación tiene un reto enorme. Es desde las edades más tempranas cuando hay que sembrar los valores que guiarán la vida adulta de las personas, propiciando la educación de personas comprometidas con el mundo en el que viven y en un sentido amplio de ciudadanía. Esta es la mejor forma de hacer florecer una nueva sociedad, justa e intransigente con la injusticia y la corrupción. El proyecto INNOVA+3 gracias a la aplicación del APS persigue crear docentes con unas bases éticas y morales sólidas que sean capaces de transmitir a las nuevas generaciones un nuevo modelo social.

El tercer aspecto importante responde al deterioro de la calidad de vida de determinados sectores de la población. Nos referimos a la gente mayor. Muchas personas de este colectivo han debido, después de jubilarse, volver a hacer esfuerzos para ayudar a familiares afectados por la crisis. Esto les ha supuesto una limitación de su capacidad económica, pérdida de coberturas del sistema y, en general, renuncias a determinadas actividades relacionadas en la formación a lo largo de la vida y de su derecho al envejecimiento activo. Por eso se convierten en el sector diana de nuestro proyecto. El valor añadido que aporta se puede entender desde el punto de vista de conjugar intereses de forma que los de un colectivo (maestro/as en formación) sea complemento del otro (personas adultas).

APS como metodología activa

Uso de metodologías activas como innovación metodológica

La responsabilidad de las personas dedicadas a formar a los y las maestras del futuro es grande. No es extraño encontrar profesionales que creen que la utilización de metodologías de tipo técnico garantiza el éxito curricular. Nosotros apostamos por un enfoque más humanizador e interpretativo del conocimiento, donde la construcción de significados adquiere gran relevancia. Hay que reflexionar y plantearse qué maestro queremos para aclarar qué y cómo debemos enseñarles.

Consideramos necesario que el docente no sea un reproductor de modelos, queremos que sea capaz de crear y diseñar sus planes adaptados al alumnado que tiene delante. Debemos promocionar la autonomía en la formación del docente, así podrá facilitar que sus niños y niñas lo sean también. Lo que nosotros hacemos en las aulas universitarias repercutirá en su práctica docente futura.

El proyecto que aquí se presenta se basa en la introducción de una innovación metodológica en el proceso de enseñanza/aprendizaje (E/A) de estudiantes de magisterio basada en la aplicación de metodologías activas. Son diversos los autores que justifican la idoneidad de las metodologías activas en el proceso de E/A (García-Ruiz, González y Contreras, 2014; Pérez-Pérez, 2014; Robledo, Fidalgo, Arias, y Álvarez, 2015). Del mismo modo, estas metodologías están descritas en la bibliografía reciente como herramientas adecuadas para desarrollar competencias transversales (Morales, Trianes y

Casado, 2013). Entre estas se encuentran la competencia para la ciudadanía, para la solidaridad, para la conducta ética profesional y para el aprendizaje auto-regulado que se desarrolla en situaciones complejas y en las que hay que aplicar nuevos conocimientos para la resolución de problemas y situaciones reales relacionadas en el ámbito profesional. Por lo tanto, se configuran como herramientas muy adecuadas para un aprendizaje diferente, propiciando la consecución de objetivos compartidos por nuestro proyecto de investigación.

El Aprendizaje-Servicio (APS) como metodología activa

Dentro de las metodologías activas, el proyecto va a aplicar el APS para innovar en la formación de los futuros docentes. Se puede definir como una metodología que integra el servicio a la comunidad con el aprendizaje de contenidos, uniéndose en su aplicación la intencionalidad pedagógica y la intencionalidad solidaria. Las características fundamentales que lo diferencian de las actividades clásicas de voluntariado (Martínez, 2006), consisten en que partimos de las necesidades reales del entorno social y se estructura en un proyecto pedagógico muy articulado, con el doble objetivo de aprender los contenidos curriculares y mejorar el entorno (Puig, Batlle, Bosch y Palos, 2007). Es decir, pretendemos que el alumnado adquiera conocimientos, devolviendo en beneficio de la sociedad, aplicaciones de los mismos en colectivos con dificultades y/o en riesgo de exclusión social.

Complementando esta definición, Gil, Moliner, García y Chiva (2015) y Gil, Chiva y Martí (2013), entienden el APS como una metodología abierta y participativa, a la par que innovadora, que pretende realizar el proceso de E/A partir de la prestación de un servicio a la comunidad atendiendo una necesidad no cubierta. Esta metodología con un carácter marcadamente social permite ampliar el abanico de aprendizajes del alumnado. Además de los meramente curriculares, propicia la incorporación de valores y actitudes a su personalidad, avanzando hacia la creación de personas críticas, autónomas y responsables. Conceptualizado de esta forma, el APS permite acceder a aprendizajes difícilmente adquiribles en las aulas convencionales. Atender una necesidad social a través de la prestación de un servicio implica entrar en contacto con la realidad que rodea los centros educativos, integrando personas y recursos a la vez que propiciando entre el alumnado la movilización de recursos y estrategias personales. Esta forma de aprender y enseñar es consecuente con las demandas actuales de formación, derivadas de las reformas educativas europeas. La novedad que aporta esta metodología supone un enriquecimiento curricular a partir de la integración del contexto social que su aplicación produce.

La aplicación de la metodología APS en la formación de futuros docentes produce efectos, descritos en la bibliografía internacional. Se han reportado efectos en el ámbito académico, tanto a nivel de aprendizajes conceptuales como de habilidades relacionadas con su aplicación en situaciones prácticas reales (Bernadowski, Perry y De Greco, 2013; Carrington y Iyer, 2011; Chambers y Lavery, 2012); en autoeficacia (Bernadowski, et al., 2013; Billig, 2002); en el desarrollo del pensamiento crítico (Carrington y Iyer, 2011; Chambers y Lavery, 2012; Conner, 2010); en entendimiento cultural (Chang, Anagnostopoulos y Omae, 2011; Conner, 2010); y en la práctica y adquisición de valores (Carrington y Iyer, 2011; Chambers y Lavery, 2012). Pese a los trabajos existentes que aportan evidencias en este sentido, resulta necesario seguir consolidando la validez del APS con nuevos estudios que refuercen los resultados existentes y aporten novedades en otras vías y en contextos propios.

En este caso, una parte del programa de intervención se aplicó integrado en el aprendizaje de materias del campo de la Educación Física. Esta se muestra como una materia muy adecuada para implementar proyectos de APS dado el elevado grado de enseñanzas procedimentales que incluye, su variedad de contenidos, la cantidad de interacciones que proporciona y la diversidad de objetivos que persigue. El APS ha sido poco utilizado en este campo. Se pueden destacar en el contexto más cercano los trabajos de Capella, Gil y Martí, 2014; Chiva, Gil y Martí, 2014; Gil, et al., 2013. A nivel internacional se ha estudiado su aptitud para el desarrollo de la comprensión cultural (Galvan y Parker, 2011; Konukman y Schneider, 2012; Meaney, Housman, Cavazos y Wilcox, 2012); para la prevención de la obesidad infantil (Himelein, Passman y Phillips, 2010; Meaney, Hart y Griffin, 2009); para la comprensión de la diversidad (Baldwin, Buchanan y Rudisill, 2007); para el desarrollo de la movilidad en personas con alteraciones de la capacidad motora (Bishop y Driver, 2007; Williams y Kovacs, 2001); y para el aprendizaje de conocimientos didácticos de la materia (Galvan y Parker, 2011). En consecuencia, la aplicación de esta metodología está plenamente justificada bibliográficamente dentro del proyecto.

En un sentido amplio, el APS puede ser considerado un paraguas de metodologías, puesto que la ejecución de proyectos APS necesita el uso otras estrategias metodológicas activas para ser implementado. En el proyecto que aquí presentamos se emplean el aprendizaje cooperativo, el aprendizaje basado en problemas, el aprendizaje por proyectos, el método de casos y, especialmente, las historias de vida.

El proyecto INNOVA+3

Finalidad

La finalidad del proyecto INNOVA+3 es realizar una investigación basada en una innovación metodológica en el aprendizaje de futuros docentes. Se pretende aplicar esta innovación en una muestra de estudiantes del grado de maestro/a y medir los beneficios a nivel académico y personal que produce. Concretamente, la metodología a aplicar y sobre la que investigar es el APS y el colectivo sobre el que analizar sus efectos es el estudiantado universitario. También aparece como consecuencia de la investigación un colectivo beneficiado integrado por personas adultas de centros de Formación de Personas Adultas de la provincia de Castellón.

Descripción de la innovación metodológica a aplicar basada en el APS

En el proyecto se ha utilizado el APS en una muestra de alumnado universitario de la titulación de maestro/a en Educación Infantil y Primaria de la Universitat Jaume I. Se ha aplicado en asignaturas básicas del plan de estudios vigente: Fundamentos de la Expresión Corporal, Juegos Motrices en Educación Infantil; Didáctica y Organización Escolar y Fundamentos de la Acción Motriz.

De acuerdo con la conceptualización del APS, el alumnado implicado prestará un servicio a la comunidad consistente en la promoción del envejecimiento activo entre población de edad avanzada, a la vez que aprenderá los contenidos de las asignaturas participantes.

Según los datos aportados por el "Libro Blanco del Envejecimiento Activo" (2010) publicado por el Ministerio de Sanidad y Política Social, el factor más valorado por las personas mayores es la salud. En relación a ello, consideramos que la actividad física ocupa un papel destacado como elemento que propicia un adecuado envejecimiento activo. Señalar también que la persona es un todo (mente y cuerpo) y que ambas cuestiones son indisolubles. Precisamente en este punto se interconectan los dos ámbitos en los que pretendemos actuar: físico y mental.

Este proyecto posibilita que los beneficios obtenidos repercutan directamente tanto en el alumnado, como en el colectivo de personas mayores. El alumnado mediante la experiencia vivida, desarrollará unas competencias sociales y prácticas que son muy complicadas de adquirir empleando las metodologías tradicionales. Con esto conectamos perfectamente con la filosofía del EEES, vinculando además sociedad y Universidad, entrelazándolas mutuamente para un beneficio recíproco.

Después de una importante parte de formación inicial, en la que los alumnos compartieron conocimientos y objetivos comunes de las asignaturas implicadas, se inició la fase de detección de necesidades y, posteriormente, el diseño de su programa de intervención. Por otro lado, hemos podido mejorar nuestros materiales docentes de forma que se han adaptado más específicamente al nuevo espacio europeo de educación superior, potenciando la autonomía del estudiantado y su capacitación para desarrollar competencias de investigación, de información y de estudio, tal como destaca Bolonia.

Además, hemos utilizado concretamente algunas herramientas metodológicas mencionadas anteriormente, haciendo especial inciso en el aprendizaje cooperativo. Han sido aplicadas durante algunos cursos escolares previos en las asignaturas de los grados de maestro/a de forma aislada. Sin embargo ahora se han unificado en un solo proyecto compacto. Este hecho favorece que los futuros docentes desarrollen habilidades para el diálogo, así como su capacidad de argumentación, tolerancia, respeto a las diferencias, empatía, saber escuchar, respetar, ser más responsables y tener capacidad de autocrítica.

Hay que recordar que la estructura cooperativa del aprendizaje, frente a la individualista o competitiva (estas últimas tan extendidas por nuestras escuelas), pretende que los alumnos compartan metas y trabajen juntos para maximizar tanto su aprendizaje como el de los compañeros. Todos los miembros del equipo trabajan hasta que todos consiguen la meta, y son vitales el intercambio de ideas, el control de los impulsos, la diversidad y el diálogo.

Hipótesis y objetivos del proyecto

La hipótesis principal del proyecto es que la aplicación de una innovación metodológica basada en el uso del APS prestando un servicio a un colectivo de personas mayores de centros de FPA producirá en el alumnado de los Grados de maestro/a aprendizajes significativos a nivel académico y personal transferibles a su docencia futura.

Más concretamente, planteamos los siguientes objetivos específicos para el proyecto:

- Analizar los efectos académicos sobre el alumnado de los grados de maestro/a derivados de la aplicación de una innovación metodológica con APS.

- Analizar los efectos personales sobre el alumnado de los grados de maestro/a derivados de la aplicación de una innovación metodológica con APS.

- Valorar la importancia de la innovación metodológica docente como herramienta para combatir el fracaso escolar.

- Enriquecer la formación curricular de los futuros docentes desde un punto de vista de formación en valores democráticos.

- Crear un procedimiento estandarizado de aplicación de innovaciones metodológicas basadas en el APS que sea efectivo y susceptible de ser transferido a otros ámbitos educativos, poniéndolo inmediatamente al alcance de la comunidad educativa.

Este proyecto de investigación presenta unas características que lo configuran como una actuación que trasciende la propia investigación. Nos referimos al hecho de combinar en una única intervención la vertiente investigadora y la social. Es decir, propone investigar y actuar, llevando implícito cierto grado mejora de un problema social no atendido y detectado en las aulas. Precisamente la atención de este problema sirve de situación educativa para el aprendizaje, introduciendo en el proceso un grado de innovación muy elevado por lo que respecta al uso de nuevas metodologías docentes. Emplear APS permite una actuación directa y potente tanto en el ámbito formativo como en el de intervención social, dando respuesta a la necesidad formativa en un colectivo amplio de futuros maestros, cosa que sería imposible si dependiera sólo del investigador. De esta forma se socializan entre muchos los beneficios del proyecto.

Desarrollo de la experiencia

Progresión en la investigación

Primero se ha realizado un estudio exploratorio del alumnado universitario. Se han administrado varias pruebas y cuestionarios que evalúan variables psicológicas en cuanto al ámbito personal (motivación, autoconcepto, autorregulación, eficacia, empatía, clima de aula e interacción social). Otras variables que se han medido están relacionadas con el aprendizaje de conocimientos específicos de cada asignatura y en la valoración de la competencia docente de los estudiantes de maestro.

Posteriormente, se ha implementado el estudio de intervención, en el que el alumnado del grupo experimental ha preparado y llevado a cabo la intervención con un mínimo de 20 horas de intervención directa del alumnado en el grupo diana (mayores de los centros de FPA).

Después de la intervención, se ha vuelto a pasar las pruebas a los grupos de la investigación para valorar los cambios surgidos en el estudiantado en lo referente a las variables académicas y personales. Dada la complejidad de la investigación educativa, y para poder entender adecuadamente el fenómeno estudiado, entre las medidas pre y postest se han realizado observaciones en vivo sobre el campo de acción por parte de los investigadores, para controlar adecuadamente la evolución del grado de consolidación de las variables estudiadas. Finalmente, el proceso investigador se ha completado con un estudio cualitativo realizado a través del análisis de contenido de entrevistas y grupos de discusión con los participantes.

Metodología de la investigación y plan de trabajo

Esta investigación se ha abordado desde la complementariedad metodológica cualitativa-cuantitativa (mixed methods), muy utilizada en la investigación educativa actual (Anguera, Camerino, Castañer, y Sánchez, 2014). A partir del paradigma investigador experimental abordamos hipótesis causales dentro de un diseño cuasi-experimental de grupos equivalentes con grupo de control y medidas prestest-postest. También, desde el paradigma asociativo planteamos hipótesis de covarianza mediante el uso de metodología observacional para monitorizar el proceso de consolidación gradual de las variables y completar de este modo las medidas iniciales y finales. A efectos de triangulación, se ha usado metodología cualitativa para profundizar en los hallazgos cuantitativos. Este planteamiento complementario en la metodología investigadora responde a la realidad compleja que presenta el campo de investigación (alumnado universitario actuando en un contexto social).

Muestra

La muestra ha sido seleccionada según un proceso randomizado entre el universo de estudiantes de los grados de maestro/a de la Universitat Jaume I de Castelló que cursan alguna de las asignaturas implicadas en la investigación. La totalidad de la muestra en el primer año de implementación ha sido de 96 alumnos, conformando un total de 17 grupos de intervención que han acudido a 14 centros de FPA.

Instrumentos

En cuanto a los instrumentos se han empleado cuestionarios validados recogidos de la literatura científica que miden las variables dependientes personales. Para la medida de la dimensión académica se han empleado pruebas específicas de conocimientos teóricas y/o teórico-prácticas diseñadas por el profesorado que imparte cada asignatura y para la competencia docente se ha trabajado mediante la rúbrica específica validada por miembros del grupo de investigación (Capella, Gil, Chiva y Martí, 2015).

Dada la estructura compleja de la investigación (concordante con la idiosincrasia de la investigación educativa en la que confluyen múltiples factores) se estima pertinente ampliar los datos a recoger para conseguir una aproximación al problema con la máxima fiabilidad. Por eso, se han utilizado también formularios para datos sociológicos, cuestionarios de satisfacción elaborados ad hoc destinados al alumnado universitario, las personas adultas y el profesorado implicado en el estudio y cuadernos de campo, registros anecdóticos y rúbricas o matrices de evaluación para realizar el seguimiento continuo del grupo experimental.

Para el estudio cualitativo se han llevado a cabo entrevistas semiestructuradas sobre las que se ha hecho un análisis de contenido manteniendo un enfoque coherente con los propósitos y objetivos del estudio. Los datos recogidos se analizarán a través de una aproximación multifase. En la fase inicial, de codificación abierta, se identificará la información analizando independientemente las unidades de significado emergentes, contrastándose según el método comparación constante (Patton, 2002). En la segunda fase, de codificación axial, se identificará de entre la información codificada previamente aquella relacionada con las variables dependientes, moviéndose entre el pensamiento inductivo y el deductivo (Flick, 2007), complementando los resultados de la parte cuantitativa del estudio. Finalmente, conforme a las indicaciones de Berglund (2005) en cuanto a la validez comunicativa del análisis, se procederá a realizar una verificación intersubjetiva de las unidades de significado. Por un lado, se realizará un proceso de "member checking" donde los participantes podrán confirmar sus afirmaciones y realizar nuevas contribuciones en caso de considerarlo oportuno. Por otra parte, uno/a investigador/a externo actuará como revisor crítico del análisis aportando matices y reflexiones que ayudan a perfilar la configuración lógica de los resultados.

Algunos ejemplos

Tras la experiencia de este primer curso de implementación del proyecto son múltiples las vivencias experimentadas por los participantes del mismo. Un ejemplo lo encontramos con un grupo que, tras detectar un nivel bajo de autoestima de los adultos mayores, decidieron tratar de mejorarlo creando un cuento sobre la historia de su ciudad. De esta manera incidieron también en el desarrollo de la lectoescritura mientras afianzaban contenidos de historia contemporánea. Su propuesta tuvo como colofón la representación de dicho cuento en dos centros de educación primaria de la localidad. Estas representaciones resultaron todo un éxito, ya no solo por aunar aprendices de diversas etapas y edades, sino porque supusieron todo una acontecimiento para el colectivo de los adultos mayores que vieron su autoestima muy reforzada. Muestra de ello es que una de las mujeres se quitó el luto por primera vez para el evento.

Pese al éxito de la gran mayoría de proyectos, también conviene ser conscientes de que algún proyecto puede verse entorpecido por diferentes factores. Por ejemplo, en uno de los centros de adultos el grupo de adultos mayores con el que se pretendía realizar la intervención se negó a recibirla, ya que ellos decían que iban al centro sólo a leer y que no querían realizar ninguna actividad diferente o fuera de lo habitual. Además, otro factor de relevancia fue que no les gustaba tener como docentes personas que consideraban que podrían ser sus nietos. Sin embargo, este tipo de experiencias también han servido como aprendizaje, tanto para el alumnado universitario como para los miembros del grupo ENDAVANT, puesto que todos hemos debido adecuarnos a la situación encontrada y buscar formas de solucionarla.

Beneficios esperados del proyecto

A partir del proyecto INNOVA+3, el beneficio esperable es una contribución científico-técnica en cuanto a la validación de la metodología APS para el aprendizaje. En este sentido, el avance del conocimiento en cuanto a la utilización de nuevas metodologías de E/A es muy necesaria. Testar nuevas formas de enseñar y ponerlas al alcance de toda la comunidad educativa es fundamental para mejorar los procesos complejos relacionados al aprender. Los resultados de este proyecto pueden ser muy importantes en cuanto a la transferencia de procedimientos de actuación a situaciones reales para mejorar los procesos.

Sin embargo, aún nos encontramos en pleno proceso de análisis de datos. Finalizamos con el deseo de que los beneficios a los que INNOVA+3 aspira sean realidades evidentes y justificadas científicamente dentro de unos meses.

Referencias bibliográficas

Anguera, M.T., Camerino, O., Castañer, M. y Sánchez-Algarra, P. (2014). Mixed methods en actividad física y deporte. *Revista de Psicología del Deporte, 23*(1), 123-130.

Baldwin, SC., Buchanan, M., y Rudisill, M. E. (2007). What Teacher Candidates Learned About Diversity, Social Justice, and Themselves From Service-Learning Experiences. *Journal of Teacher Education, 58*(4), 315–327.

Berglund, H. (2005). *Toward a Theory of Entrepreneurial Action.* Chalmers University of Technology. Chapter 3.

Bernadowski, C., Perry, R., y Greco, R. (2013). Improving Preservice Teachers' Self-Efficacy through Service Learning: Lessons Learned. *International Journal of Instruction, 6*(2), 67-86.

Billig, S. H. (2002). Support for K-12 Service-Learning Practice : A Brief Review of the Research. *Educational Horizons, 80*(4), 184–190.

Bishop, J. y Driver, S. (2007). Implementing Service-Learning in Undergraduate Adapted Physical Education. *Journal of Physical Education, Recreation & Dance, 78*(8), 15–19.

Capella, C., Gil, J., y Martí, M. (2014). La metodología del aprendizaje-servicio en la educación física. *Apunts. Educación Física y Deportes, 116*(2), 33-43.

Capella, C., Gil, J., Chiva, O. y Martí, M. (2015). Diseño y validación de una rúbrica para valorar la competencia docente en la didáctica de juegos motores y expresión corporal en Educación Infantil. *Ágora para la educación física y deporte, 17*(2), 148-167.

Carrington, S. y Iyer, R. (2011). Service-Learning Within Higher Education: Rhizomatic Interconnections Between University And The Real World. *Australian Journal of Teacher Education, 36*(6), 1-14.

Chambers, D. J. y Lavery, S. (2012). Service-Learning : A Valuable Component of Pre- Service Teacher Education. *Australian Journal of Teacher Education, 37*(4), 128-137.

Chang, S., Anagnostopoulos, D. y Omae, H. (2011). The multidimensionality of multicultural service learning: The variable effects of social identity, context and pedagogy on pre-service teachers' learning. *Teaching and Teacher Education, 27*(7), 1078–1089.

Chiva, O., Gil, J. y Martí, J. (2014). El aprendizaje de contenidos de Educación Física en la universidad mediante Aprendizaje-Servicio. *Tándem, Didáctica de la Educación Física, 44*, 15-26.

Conner, J. O. (2010). Learning to unlearn: How a service-learning project can help teacher candidates to reframe urban students. *Teaching and Teacher Education, 26*(5), 1170–1177.

Galvan, C. y Parker, M. (2011). Investigating the Reciprocal Nature of Service-Learning in Physical Education Teacher Education. *Journal of Experiential Education, 34*(1), 55-70.

Gil, J., Chiva, O. y Martí, M. (2013). La adquisición de la competencia social y ciudadana en la universidad mediante el Aprendizaje-Servicio: Un estudio cuantitativo y cualitativo en el ámbito de la Educación Física. *Revista Internacional de Educación para la Justicia Social, 2*(2), 89-108.

Gil, J, Moliner, O., García, R. y Chiva, O. (2015). Una experiencia de Aprendizaje- Servicio en futuros docentes: desarrollo de la competencia social y ciudadana. *Revista Complutense de Educación, 27*(1), 53-73.

Himelein, M., Passman, L. y Phillips, J. M. (2010). Community, Care Setting, and Worksite Initiatives. *American Journal of Health Education, 41*(6), 368–378.

Konukman, F. y Schneider, R. (2012). Academic Service Learning in PETE: Service for the Community in the 21st Century. Strategies, *A Journal for Physical and Sport Educators, 25*(7), 15-18.

Martínez, M. (2006). Formación para la ciudadanía y educación superior. *Revista Iberoamericana de Educación, 42*, 85-102.

Meaney, K. S., Hart, M. A. y Griffin, L. (2009). Fun & Fit, Phase I: A Program for Overweight African American and Hispanic American Children from Low-Income Families. *Journal of Physical Education, Recreation & Dance, 80*(6), 35-39

Meaney, K. S., Housman, J., Cavazos, A. y Wilcox, M. L. (2012). Examining service-learning in a graduate physical education teacher education course. *Journal of the Scholarship of Teaching and Learning, 12*(3), 108–124.

Ministerio de Sanidad y Política Social (2010). *Libro Blanco del Envejecimiento Activo*. Madrid.

Morales, F. M., Trianes, M. V. y Casado, A. M. (2013) Eficacia de un programa para fomentar la adquisición de competencias solidarias en estudiantes universitarios. *European Journal of Education and Psychology*, 6(2), 95-104.

Patton, M. Q. (2002). *Qualitative Research and Evaluation Methods* (3rd ed.). Thousand Oaks, CA: Sage.

Pérez-Pérez, I. (2014). El trabajo en equipo mediante el uso del portafolio y las rúbricas de evaluación: innovación en la enseñanza universitaria. *Revista d'Innovació i Recerca en Educació*, *7*(1), 56-75.

Puig, J., Batlle, R., Bosch, C. y Palos, J. (2007). ¿Qué es el aprendizaje servicio? *Aprendizaje servicio. Educar para la ciudadanía*, 9-28.

Robledo, P., Fidalgo, R., Arias, O. y Álvarez, ML. (2015). Percepción de los estudiantes sobre el desarrollo de competencias a través de diferentes metodologías activas. *Revista de Investigación Educativa*, *33*(2), 369-383.

Flick, U. (2007). *Designing Qualitative Research* (Book one of the SAGE Qualitative Research Kit). London: SAGE.

Williams, K. y Kovacs, C. (2001). Balance and Mobility Training for Older Adults: An Undergraduate Service-Learning Experience. *Journal of Physical Education, Recreation & Dance*, *72*(3), 54-58

IMPACTO Y BENEFICIO DEL APRENDIZAJE-SERVICIO EN LA AUTOESTIMA DEL ALUMNADO DE FORMACIÓN PROFESIONAL BÁSICA DE INFORMÁTICA

Dr. Adolfo Millán Fernández
Colegio Juan Nepomuceno Rojas, España
Dr. José Manuel Aguilar García
Colegio Juan Nepomuceno Rojas, España

Resumen

En este estudio hemos pretendido profundizar en los beneficios que el aprendizaje-servicio produce en la autoestima de los estudiantes de F.P.B. de informática. Este proyecto relacionaba un alumnado, derivado por un consejo orientador tras fracasar en la educación ordinaria y con niveles de autoestima bajos, con un grupo de personas mayores, lo que suponía un reto en distintas dimensiones (comunicación, intereses...). El objetivo era enseñar a personas mayores a instalar y utilizar aplicaciones móviles, así como programas de ofimática.

La autoestima es un concepto complejo y que se relaciona directamente con una buena salud psicológica.

Los efectos que producen los servicios sociales en la autoestima de los adolescentes han sido propósito de investigaciones desde diferentes perspectivas. (Fu, Padilla-Walker y Brown, 2017; Laible, Carlo y Roesch, 2004; Yates y Youniss, 1996)

Se empleó el estudio de casos, lo que nos permitió acercarnos al contexto real del grupo. Los instrumentos utilizados para valorar los objetivos de la investigación fueron las entrevistas, el análisis de contenido y observación.

Se agruparon en tres dimensiones, conocimiento propio, competencia y control. El alumnado tuvo una percepción de mejora en cada una de ellas durante la ejecución del proyecto o cuando se hacía referencia a él. Las familias también mostraron su satisfacción.

Los hallazgos de este estudio se suman a los datos de investigaciones anteriores sobre autoestima y APS. Por otra parte, destaca los beneficios que provoca en grupos con autoestima baja. En próximas investigaciones sería interesante ver la relación entre la duración del aprendizaje y servicio y el tiempo que se mantiene la autoestima estable.

Palabras claves: autoestima, aprendizaje-servicio, adolescente.

Introducción

En la Orden del 8 de noviembre de 2016 se regula la Formación Profesional Básica y en ella se desarrolla explícitamente su finalidad de reducir el abandono escolar temprano, facilitar la permanencia en el sistema educativo, fomentar la formación a lo largo de la vida y contribuir a elevar el nivel de cualificación permitiendo al alumnado obtener un título Profesional Básico y completar las competencias del aprendizaje permanente. También pretenden ser una respuesta formativa razonable a colectivos con necesidades específicas por circunstancias personales de edad o de historial académico, favoreciendo su empleabilidad, y a los alumnos y alumnas con necesidades educativas especiales darles continuidad en el sistema educativo. Asimismo, en la Comunidad Autónoma de Andalucía, las enseñanzas de Formación Profesional Básica tienen además el objetivo de que el alumnado adquiera la preparación necesaria para obtener el título de Graduado en Educación Secundaria Obligatoria.

Al desarrollar estas finalidades se está definiendo explícitamente el tipo de alumnado que nos vamos a encontrar en cualquier aula de F.P.B., son estudiantes que por diversas razones han cosechado fracasos tras fracasos en su escolaridad.

Esto inevitablemente afecta en su autoestima, por lo que intentaremos profundizar en este concepto. Bermúdez nos indica que para entender esta idea hay que partir del autoconcepto, entendido como la representación mental que la persona tiene de sí misma. La autoestima sería el resultado de hacer una evaluación de la representación mental que se tiene con la imagen ideal. Esta imagen puede variar en diferentes áreas como la escolar, la social, familiar, físico y la moral-ética (Bermúdez, 2001). Otros autores como Mc Kay y Fanning (1999) amplían las áreas que se refieren al autoconcepto: aspecto físico, cómo se relaciona con los demás, personalidad, cómo le ven los demás, rendimiento en la escuela o el trabajo, ejecución en tareas cotidianas, funcionamiento mental y la sexualidad (como se cita en Mora y Raich, 2005).

Para Nathaniel Branden "La autoestima tiene dos componentes relacionados entre sí. Uno es la sensación de confianza frente a los desafíos de la vida: la eficacia personal. El otro es la sensación de considerarse merecedor de la felicidad: el respeto a uno mismo." (Branden, 1995:45). Esta definición implica que existe una correlación entre alta autoestima y felicidad. En esta línea el psiquiatra Luis Rojas Marcos hace referencia a los estudios realizados por el psicólogo David G. Myers de la Universidad de Michigan en la que indica que ninguno de los participantes de su estudio consideran el factor autoestima irrelevante para sentirse felices (Rojas, 2007).

Tras esta breve introducción al concepto de autoestima y sabiendo que es fundamental para la felicidad, debemos ver la posibilidad real que tenemos de aumentar la autoestima de una persona. Para ello, una de las consideraciones que hemos de tener en cuenta cuando nos referimos a la autoestima es que su carácter puede ser estable o variable. Un elevado número de especialistas entienden que la autoestima se forja lentamente por la repetición de una serie de experiencias o circunstancias, lo que conlleva a que sea estable, aunque también admiten que pueden existir fluctuaciones (Pallarés, 2011). La autoestima también tiene un componente genético que ronda el 30%, según los estudios de Kenneth S. Kendler, director del Departamento de Genética de la Universidad de Virginia, después de estudiar parejas de mellizos y gemelos (Como se cita Rojas, 2007).

Estas consideraciones nos llevan a pensar que hacen falta experiencias muy enriquecedoras que sean capaces de influir positivamente en la autoestima de los alumnos de Formación Profesional Básica.

En esta línea diversos estudios han revelado que las habilidades sociales estaban positivamente correlacionadas con la autoestima (Riggio, Throckmorton, y Depaola, 1990; Yates y Youniss, 1996).

Susan Deeley afirma que está documentado en diversos trabajos de investigación que la autoestima puede aumentar realizando trabajos de aprendizaje y servicio (Deeley, 2016).

Podríamos definir el aprendizaje y servicio como una metodología experiencial donde por medio de un servicio a la comunidad se pretenden alcanzar unas metas académicas.

Santos y sus colegas identifican los siguientes elementos básicos en los proyectos de aprendizaje-servicio: un aprendizaje sistematizado, un servicio real que parta de las necesidades del entorno, un proyecto con clara intencionalidad pedagógica, participación activa en todas las fases del proyecto y por último debe existir una reflexión o evaluación continua del proceso (Santos, Sotelino y Lorenzo, 2015).

Objetivos Generales

Nuestro objetivo era doble, por una parte llevar a cabo un proyecto de aprendizaje-servicio donde los que llevarían la acción eran los alumnos de Formación Profesional Básica de la asignatura de Operaciones Auxiliares para la Configuración y la Explotación, cuyo propósito era intentar disminuir las dificultades que encuentran con la informática las personas mayores. En segundo lugar era analizar como esto podía influir en la autoestima de los alumnos y sí esta autoestima podía influir positivamente en su rendimiento académico.

Método – Desarrollo del trabajo

Partiendo de los objetivos de la investigación que acabamos de exponer, hemos considerado que el enfoque metodológico que debíamos utilizar era de carácter cualitativo.

Determinamos que el de tipo metodología de investigación descriptiva era el que mejor se adecuaba a los objetivos que nos habíamos planteado en este trabajo. Best (1982) la define como un proceso que rebasa la recogida de datos, e incluye un elemento interpretativo importante. Este mismo autor se refiere a los tipos de información que se pueden obtener para la resolución de problemas. La primera clase sería la que obtendríamos al preguntarnos sobre las condiciones actuales del problema, con cuestiones como ¿dónde estamos en este momento?, ¿de dónde partimos?, que recogerían todos los aspectos de la situación a estudiar a partir de una descripción detallada. El segundo tipo se refiere a las necesidades y se dirige a la clarificación de los objetivos, para ello nos explican interrogantes como ¿en qué dirección se puede ir? Y la última clase de información que se puede adquirir es aquella que conseguiríamos al consultar a diferentes expertos que se han encontrado con situaciones similares y nos ayudaría a conocer cómo alcanzar esa meta.

En cuanto a los instrumentos de recogida de datos consideramos que la entrevista semiestructurada era la mejor opción para hacerla a los alumnos y a su familia ya que parten de un guion que determina de antemano qué información relevante se necesita obtener, por lo que exige que el entrevistado se remita a ella. Las preguntas, en este formato, se elaboran de forma abierta lo que permite obtener una información más rica en matices e ir entrelazando temas (Bisquerra, 2009). Para registrar la información se utilizó con los alumnos la grabadora y con las familias se recogieron notas en papel.

Otra de las técnicas utilizadas es la observación participante, es decir, consiste en observar a la vez que se participa en las actividades del grupo investigado (Bisquerra, 2009). Para recoger los datos se utilizaron notas de campo.

Por último, al hablar de documentos podemos pensar que análisis documental y análisis de contenidos son similares, sin embargo son técnicas que, aunque tienen algunas semejanzas, difieren. Bardin (1986) señala tres diferencias. La primera es que mientras que el análisis de contenidos actúa sobre los mensajes, el documental lo hace sobre los documentos. La segunda es que el análisis documental utiliza como técnica principal la clasificación-indexación, mientras que para el análisis de contenidos, el análisis categorial es una técnica entre otras muchas. La última diferenciación se refiere al objetivo, porque el análisis documental se dirige a condensar la información para su consulta, y el análisis de contenidos se orienta al tratamiento del mensaje.

Como resultado de estas diferencias Bardin lo define "como un conjunto de técnicas de análisis de las comunicaciones utilizando procedimientos sistemáticos y objetivos de descripción de contenidos de los mensajes" (Bardin, 1986:29). En nuestro caso se les pidió a los alumnos al terminar las sesiones, que escribieran un pequeño relato de la sesión con sus impresiones.

Para clasificar la información se categorizó en las siguientes dimensiones: conocimiento propio, competencia y control.

Entendimos conocimiento propio como la imagen global que tienen de ellos mismos. La competencia, como la capacidad que tienen para resolver las tareas que se les había encomendados y el control es la respuesta emocional a situaciones adversas.

El estudio se realizó en una clase de primero de Formación Profesional Básica de Informática dentro de la asignatura Operaciones Auxiliares para la Configuración y la Explotación. La clase la formaban 11 alumnos y 2 alumnas de edades comprendidas en el momento de la puesta en práctica de la experiencia entre 16 y 18 años.

En un primer momento hicimos una reflexión de qué podían aportar o en qué podían ayudar a la sociedad con los conocimientos que llevaban adquiridos durante el curso. En general, pensaban que nada y mostraban apatía hasta que un alumno dijo que su abuela lo llamaba para que le cogiera la cita de médico, este fue el punto de inflexión para que varios alumnos comentaran la ayuda que ocasionalmente prestaban a sus abuelos o vecinos mayores.

En este momento empezamos a diseñar el proyecto de aprendizaje y servicio. Los objetivos de aprendizaje que se detallan a continuación estaban recogidos en la programación general y mantenían una gran sintonía con el proyecto que se iba a iniciar:

- Desarrollar la iniciativa, la creatividad y el espíritu emprendedor, así como la confianza en sí mismo, la participación y el espíritu crítico para resolver situaciones e incidencias tanto de la actividad profesional como de la personal.
- Desarrollar trabajos en equipo, asumiendo sus deberes, respetando a los demás y cooperando con ellos, actuando con tolerancia y respeto a los demás para la realización eficaz de las tareas y como medio de desarrollo personal.
- Utilizar las tecnologías de la información y de la comunicación para informarse, comunicarse, aprender y facilitarse las tareas laborales.

El siguiente paso fue darle un título y generar un poster "¿Te enseño? Minicursos de informática para abuelos y abuelas".

En este momento hicimos una actividad preliminar para que fueran capaces de identificar el proceso que íbamos a llevar a cabo. Les propusimos hacer con cartón la silla ideal para un adolescente, antes de comenzar el trabajo de diseño tenían que ponerse en el lugar del adolescente y hacer una lista de las características de la silla. Después deberían hacer el prototipo y por último haríamos una crítica amiga por grupos. La pretensión de esta actividad es que ellos comprendiesen y analizasen los pasos a seguir en un proyecto sencillo (el proceso de diseño de la silla) para llegar a ser capaces de elaborar las distintas fases del plan de formación de los abuelos y las abuelas.

A continuación pasamos a nuestro proyecto para lo que entrevistaron a las personas mayores que conocían y recogieron sus necesidades y las dificultades que encontraban con sus móviles y ordenadores, la mayoría de ellas estaban relacionadas con el uso de aplicaciones móviles para solicitar cita médica, para los tiempos de espera del autobús y la utilización del correo electrónico.

Posteriormente hicieron unos manuales con instrucciones muy sencillas y gráficos para resolver las principales dudas y que se los pudieran llevar los abuelos a casa.

En la fase de ejecución surgieron nuevas necesidades derivadas de los móviles que traían los participantes. Se encontraron algunos dispositivos muy obsoletos y otros excesivamente modernos, que ni siquiera los alumnos habían visto, por lo que tuvieron que investigar su manejo y plantear nuevas soluciones.

Por último, hubo una fase de evaluación y reflexión de la actividad, donde los alumnos hicieron propuestas de mejora para el curso siguiente.

Resultados

Los resultados que hemos obtenidos han sido muy satisfactorios, tanto en el desarrollo del proyecto como en lo referente al impacto en la autoestima de los alumnos.

El proyecto se desarrolló cumpliendo todas las fases de un proyecto de aprendizaje y servicio.

Los abuelos y abuelas mostraron su satisfacción y pidieron continuar el curso siguiente.

En cuanto a la autoestima, los alumnos durante las entrevistas indicaron que había sido una experiencia muy positiva y de la que habían aprendido mucho de las personas que habían estado con ellos. Un alumno incidió en este hecho considerándolo como una experiencia vital que expresó de la siguiente forma "María ha hecho que me centre y he cambiado".

En las entrevistas a los padres se les preguntaba en primer lugar, si habían comentado el proyecto en casa. En todos los casos lo comentaban como algo muy importante, así como las anécdotas que les contaban los abuelos. Para algunos era la primera vez que les hablaban en positivo de un colegio.

Sobre su competencia informática, en un primer momento se sintieron inseguros cuando le presentaban dudas que no esperaban o no sabían resolver, pero fueron capaces de pedir ayuda al profesor o a otro compañero. También su competencia se vio reforzada, porque aunque los diseñamos para una sesión, los abuelos volvían y todos querían estar con los alumnos-profesores que ya habían conocido.

Otro dato interesante es que el absentismo disminuyó a raíz de esta experiencia y fue prácticamente nulo los días del taller.

El rendimiento académico aumentó en la asignatura hasta alcanzar un 100% de aprobados en el curso.

Sobre el control hay que decir que de las observaciones realizadas durante las sesiones, no hubo ningún acto de impulsividad. Incluso en situaciones que para ellos son estresantes como el consumo del saldo del propio móvil explicando a uno de los abuelos cómo se llamaba por teléfono.

Discusión y conclusiones

Si hacemos una evaluación atendiendo a los objetivos del proyecto y a la investigación, podemos decir respecto al proyecto que los aprendizajes curriculares han mejorado sustancialmente en los alumnos de la asignatura de Operaciones Auxiliares, ya que se han visto en la necesidad de explicar, utilizar y aplicar los contenidos lo que les exigía un gran dominio de los mismos.

Consideramos que ha sido un acierto el haber realizado actividades preliminares, antes de comenzar el proyecto. Este aspecto les ayudó a formarse una idea inicial de lo que significa y exige un plan en cuanto a su preparación, diseño, materiales e incluso los objetivos que se pretenden. Hemos de recordar que estos alumnos traen una mala experiencia del ámbito escolar y rápidamente se cansan y pierden el interés, el conocer las fases de un programa que ellos habían elaborado les permitió mantener el empeño.

Por otra parte el proyecto de aprendizaje y servicio no solo les ha ayudado a conocer a otras personas, sino que les ha permitido darse cuenta de que los mayores, aunque tengan dificultades con las tecnologías, tienen unas capacidades que desconocían, por lo que esta experiencia les permitirá romper estereotipos.

La repetición de estas experiencias podría modificar la autoestima del alumnado de Formación Profesional Básica.

En las próximas ediciones se podría ampliar a otros lugares como centros de días o residencias de mayores.

Creemos que esta experiencia se puede generalizar a otros centros de Formación Profesional Básica.

Por último, señalar que, lo que comienza siendo tan solo un reto personal, un proyecto educativo, se convierte en una experiencia de vida en la formación de los alumnos, es una satisfacción difícil de describir.

Hay que tener en cuenta que los resultados de esta investigación están limitado a un grupo de alumnos y personas mayores en concreto.

Referencias bibliográficas

Bardin, L. (1986). *Análisis de contenido*. Madrid: Akal.

Bermúdez, M.P. (2001). *Déficit de autoestima. Evaluación, tratamiento y prevención en la infancia y adolescencia*. Madrid: Ediciones Pirámide.

Best, J. (1982). *Cómo investigar en educación*. Madrid: Morata.

Bisquerra, R. (2009). *Metodología de la investigación educativa*. Madrid: La Muralla.

Branden, N. (1995). *Los seis pilares de la autoestima*. Barcelona: Paidós.

Caso, N. J., Hernández-Guzmán, L. y González-Montesinos, M. (2011). Prueba de Autoestima para Adolescentes. *Universitas Psychologica, 10*(2), 535-543.

Deeley, S. (2016). *El Aprendizaje-Servicio en educación superior. Teoría, práctica y perspectiva crítica*. Madrid: Narcea.

Fu, X., Padilla-Walker, L. M. y Brown, M. N. (2017). Longitudinal relations between adolescents' self-esteem and prosocial behavior toward strangers, friends and family. *Journal Of Adolescence, 57*, 90-98.

Laible, D. J., Carlo, G. y Roesch, S. C. (2004). Pathways to self-esteem in late adolescence: the role of parent and peer attachment, empathy, and social behaviours. *Journal Of Adolescence, 27*, 703-716.

Martínez (Ed.) (2008). *Aprendizaje servicio y responsabilidad social de las universidades*. Barcelona: Octaedro.

Orden de 8 de noviembre de 2016, por la que se regulan las enseñanzas de Formación Profesional Básica en Andalucía, los criterios y el procedimiento de admisión a las mismas y se desarrollan los currículos de veintiséis títulos profesionales básicos. BOJA. Núm. 241 https://www.adideandalucia.es/normas/ordenes/Oden8nov2016FormacionProfesionalBasica.pdf [Recuperado 20/06/2017]

Riggio, R. E., Throckmorton, B. y Depaola, S. (1990). Social skills and self-esteem. *Personality and Individual Differences, 11*(8), 799-804.

Mora, M. y Raich, R. (2005). *Autoestima*. Madrid: Editorial Síntesis.

Pallarés, E. (2011). *La autoestima cómo cultivarla de forma sana*. Bilbao: Ediciones Mensajero.

Rojas, L. (2007). *La autoestima. Nuestra fuerza secreta*. Madrid: Editorial Espasa Calpe.

Santos, M., Sotelino, A. y Lorenzo, M. (2015). *Aprendizaje-servicio y misión cívica de la ciudad*. Barcelona: Octaedro.

Yates, M. y Youniss, J. (1996). A Developmental Perspective on Community Service in Adolescence. *Social Development*, 5(1), 85-111.

EL APRENDIZAJE-SERVICIO COMO IMPULSOR DE LA ESCUELA RURAL DE FORTALENY

Sergio Ferrando Felix
Universidad de Valencia, España

Resumen

La escuela rural tradicionalmente se ha visto condicionada por una gran cantidad de prejuicios sociales que han afectado a su imagen social. Una institución que siempre ha tenido que convivir en un segundo plano, sin que por tanto se tuviera en cuenta su propia realidad, la del mundo rural. Por este motivo, surgió esta investigación con el objetivo de descubrir si esta visión social sobre la enseñanza rural confirmaba que este es un modelo pasado o si, por el contrario, las características de esta escuela se ajustan a los principios de la enseñanza actual. Todo ello, a partir de un modelo de investigación colaborativa en el que participaron alumnos/as, maestros/as, vecinos/as, voluntarios/as, etc.; y que fue aplicado en la Escuela Pública de Fortaleny. Este estuvo compuesto por la aplicación de un aprendizaje-servicio (ApS) en modalidad de denuncia, conformado por nueve tareas que tenían como resultado final la creación de un documental. A través de este proyecto, pudimos conocer detalladamente las características de la escuela rural y, además, si la aplicación de una propuesta innovadora como el ApS permite aprovecharlas en mayor medida. Un conjunto de aspectos que nos permitieron conocer que la escuela rural por las características que presenta (ratio, agrupaciones multigrado, enseñanza cercana e individualizada, global, etc.) cuenta con grandes posibilidades educativas. Sobre todo, si éstas son trabajadas a partir de propuestas metodológicas experienciales y globalizadoras como el ApS, donde el alumnado desarrolla una serie de conceptos, procedimientos y actitudes como la libertad de expresión, cooperación, satisfacción, etc.

Palabras claves

Escuela rural, Aprendizaje-Servicio, método pedagógico y denuncia social.

Introducción

La propuesta *El Aprendizaje-Servicio como impulsor de la escuela rural de Fortaleny* surge a causa del tratamiento que tienen las escuelas rurales en la sociedad actual y, más concretamente, dentro del mundo educativo. Principalmente, porque mi localidad de origen y residencia es Fortaleny, una pequeña población de menos de 1000 habitantes situada en la Ribera Baja, que cuenta con una escuela rural en la que me he formado y desarrollado como persona. Si hacemos un recorrido histórico por la situación de las escuelas rurales, podemos observar cómo la visión social de estas ha estado repleta de prejuicios, ya que inicialmente fueron concebidas como escuelas precarias, sin recursos y con escasa formación del profesorado, que por lo tanto ofrecían una enseñanza de poca calidad a la que sólo asistían aquellos que no podían permitirse una mejor educación (Santamaría, 1996).

Con el fin de reflejar esta situación, nos planteamos el problema de esta investigación centrado en resolver si la escuela rural es un modelo educativo pasado y sin posibilidades de futuro, o si por el contrario, puede contar con las características para convertirse en el referente pedagógico del futuro. Para descubrirlo, fueron planteadas dos preguntas principales. La primera de estas tratará de descubrir cuáles son las características o particularidades de la escuela rural que pueden encajar con las propuestas globalizadoras del siglo XXI. A partir de ésta, hicimos un análisis en profundidad de la escuela rural con el objetivo de mostrar su funcionamiento tanto en lo que respecta al alumnado, a la enseñanza llevado a cabo, los recursos que presenta o en la ubicación en la que se encuentra. Una vez conocidas las características que mayormente se ajustan con los principios globalizadores (ratio, agrupaciones multigrado, relación familiar, enseñanza individualizada, global o participativo.) y teniendo en cuenta que éstas suponen una gran ventaja para el proceso de enseñanza-aprendizaje, nos planteamos una segunda pregunta de investigación con la que descubrimos de qué manera el uso de propuestas metodológicas experienciales y globalizadoras como el ApS permitirá a favorecer las características o particularidades de la escuela rural. Principalmente, porque éstas permiten dejar de lado la utilización del libro de texto y la enseñanza memorística y positivista (Zapata, 2015), con el fin de dar un mayor protagonismo al alumnado para que pueda aprender a partir de la propia experiencia y estableciendo un contacto directo con el entorno (Gil, 2012).

Dentro de la diversidad de propuestas metodológicas experienciales y globalizadoras, se decidió optar por el ApS porque a través de esta se trabajan y potencian muchos de los principios globalizadores actuales, entre los que encontramos el aprendizaje interdisciplinar, el alumno como protagonista, el aprendizaje funcional, vinculado con el entorno, etc. Además, para que el

ApS nos permitirá alcanzar los objetivos del proyecto y los beneficios académicos derivados así como llevar a cabo un servicio social, que en este caso se preveía como necesario ante el peligro de desaparición de la Escuela Pública de Fortaleny. Así pues, decidimos optar por un estudio de investigación colaborativa del que formarían parte varios participantes (alumnos, maestros, ex alumnos y representantes del ayuntamiento) y que se centraría en el estudio de caso de esta escuela. En este encontraríamos una primera fase de observación, análisis, reflexión y grupos de discusión con los profesores y una segunda, en la que se aplicaría el proyecto de ApS. Este estaría compuesto por nueve sesiones de trabajo en el aula y fuera de ella donde se trabajarían aspectos vinculados diversas materias curriculares de forma interdisciplinar que, además, aparecerán englobadas en un documental final titulado: *Escuela y Pueblo: modelo del pasado o referente pedagógico del futuro*. Un vídeo-documental que actuaría como denuncia o reivindicación social para mostrar a la sociedad cuál es la verdadera realidad de estas escuelas y por lo tanto la necesidad de garantizar su continuidad.

Objetivos generales y específicos

Por un lado, los objetivos generales se centraran en:

- Demostrar que los problemas que socialmente se atribuyen a la escuela rural no son más que particularidades que identifican esta escuela.

- Dar a conocer que las características de la escuela rural facilitan y encajan con las propuestas pedagógicas del modelo educativo vigente (enfoque activo, globalizador, participativo, emocional, etc.).

- Potenciar el uso del aprendizaje servicio, ya que esta metodología permite que la escuela y pueblo se puedan nutrir recíprocamente.

- Por otro lado, los objetivos específicos trataran de:

- Garantizar la supervivencia de la escuela a través de una iniciativa audiovisual (documental) que motive e implique a los diferentes agentes educativos que conforman la escuela rural, las instituciones públicas y la sociedad, creando por tanto un proyecto común de denuncia en el que se trabaje por el futuro tanto de la escuela como del propio pueblo.

Método

El diseño metodológico utilizado será la investigación colaborativa, ya que este proyecto requiere necesariamente la implicación y compromiso de diversos agentes que participan activamente en el transcurso de esta propuesta. Un tipo de trabajo que va más allá de la mera cooperación, ya que tal y como afirman Graham (1988) y Paterman (1989) requiere que las partes implicadas compartan responsabilidades y decisiones para abordar el proyecto. Los participantes de la misma seran:

- Los alumnos de la escuela rural de Fortaleny en su conjunto (60), siendo los protagonistas y que siempre formarán parte del proyecto la clase de cuarto quinto y sexto, con un total de 13 alumnos.

- Tutor de cuarto, quinto y sexto, el especialista de Educación Física y la de música.

- Alcaldesa y concejal de educación y deportes de Fortaleny.

- Voro Tur (compositor del pueblo y director de la escuela de música).

- Vecinos voluntarios del pueblo.

- Pau Bou como responsable de la grabación, montaje y edición del vídeo.

Asimismo, contó con la colaboración de: Ayuntamiento de Fortaleny y Escuela Pública de Fortaleny.

Además, este proyecto para ser puesto en práctica requiere la utilización de una estrategia metodológica que se encargue de describir una realidad única y particular como es la de la escuela rural. Hablamos del estudio de caso, principalmente, porque algunos autores como Yin (1984), afirman que esta estrategia se centra en describir y analizar de manera cualitativa un fenómeno dentro de un contexto específico a lo largo de un período de tiempo para resolver alguna problemática detectada.

Respecto al proyecto de intervención, destacar que contará con una primera fase de preparación y planificación así como de justificación curricular de forma previa a su puesta en práctica. Por consiguiente, en la tercera fase o de acción, conviene remarcar que el tipo de servicio seleccionado o modalidad de APS será la denuncia, ya que se hace una reivindicación social con el objetivo de demostrar que las particularidades de la escuela rural no son problemas sino virtudes, si son trabajadas a través de propuestas experienciales y críticas, ya que se ajustan a los principios globalizadores promulgados por la enseñanza actual. Todo ello, a través de varias tareas en las que se trabajó: el debate, la búsqueda de información, las reflexiones conjuntas, el aprendizaje multigrado, el uso de las tradiciones, el aprendizaje activo y experiencial fuera del aula, la participación, la crítica, etc. Todo ello, a través de nueve tareas de trabajo con el alumnado más el visionado final del vídeo, que tuvieron una duración aproximada de tres meses.

Cronograma de las tareas propuestas
Tarea 1: què sabemos de la escuela rural?
Tarea 2: conocemos el mundo de las escuelas rurales a través de les TIC
Tarea 3: qué piensa la gente del pueblo sobre las escuelas rurales?
Tarea 4: la escuela rural: una gran familia
Tarea 5: el juego en la calle: una forma de vida
Tarea 6: los adaptamos al espacio que disponemos
Tarea 7: la tradición y los juegos populares como fuente de aprendizaje
Tarea 8: la música: un arte imprescindible para el pueblo
Tarea 9: confeccionamos el cartel y reflexionamos sobre el proyecto

Por consiguiente, las técnicas de recogida de datos utilizadas fueron la observación directa complementada por el cuaderno de campo del investigador o diario de reflexión, las entrevistas individuales destinadas a cinco de los alumnos de forma posterior a la intervención, las entrevistas grupales destinadas al profesorado del centro de forma previa y posterior al proyecto y los documentos personales o reflexión escrita llevada a cabo por los alumnos al finalizar el proyecto. Todos ellos, fueron analizados posteriormente a través del análisis cualitativo de establecimiento de códigos y categorías, y contrastado con el programa informático NVIVO para de este modo ver las relaciones entre los resultados expuestos.

Resultados y discusión

Los resultados que acabamos de exponer nos dan a conocer cuáles son las características de la escuela rural de Fortaleny que mayormente se ajustan a los principios globalizadores actuales. Unas particularidades que nos permiten afirmar que la escuela rural podría ser un referente para la enseñanza actual, ya que el trabajo de los alumnos, la enseñanza llevado a cabo o el funcionamiento que presenta, se ajusta al tipo de sistema educativo promulgado desde las corrientes pedagógicas actuales (ratio reducida, relación familiar, enseñanza cercano e individualizado, global, participativo, abierto...) (Boix, 1995; Feu, 1998; Santamaria, 1996).

La primera de las premisas fundamentales que nos permiten pensar en la escuela rural, en este caso de Fortaleny, como un contexto propicio para la enseñanza actual se basa en las particularidades que tienen los alumnos de estas escuelas: el ratio, las agrupaciones multigrado y la relación familiar en el aula. Principalmente, porque son éstas las que en mayor medida permiten diferenciar la enseñanza ordinaria del llevado a cabo en estas escuelas (Feu, 1998; Santamaria, 1996). Sobre estas, hemos podido conocer coincidiendo con los estudios de Boix (1995), que los grupos reducidos favorecen la enseñanza de los alumnos en el aula ya que permite llevar a cabo un mayor número de actividades y optimizar los recursos. También, que estas agrupaciones permiten intercambiar un mayor número de experiencias y reducir la presencia de conflictos (Hervás, 1993). Asimismo, que en las escuelas rurales no hay que llevar una gran cantidad de prohibiciones ni normativas para resolver los problemas, ya que son los propios alumnos los encargados de solucionar la mayor parte de los conflictos (Feu, 1998).

Una serie de aspectos a los que hay que sumar las agrupaciones multigrado, ya que tal y como afirmaba Barba (2011) este intercambio de experiencias entre grandes y pequeños permite a los alumnos se desarrollan y aprendan de manera recíproca y que por tanto se pueda producir un aprendizaje que tiene en cuenta a sus compañeros de menor o mayor edad, ya que se aprende de manera heterogénea. Un tipo de enseñanza que permite a los alumnos aprender de manera mucho más familiar i que como en la línea de lo que proponía Fuertes y Sancha (2006) fortalece los vínculos de amistad y permite abrir el círculo social que estará dispuesto a aceptar a cualquier miembro más dentro de lo que se considera una gran familia. Teniendo en cuenta que este conjunto de aspectos a pesar de generar grandes beneficios para la enseñanza de los alumnos, también cuentan con determinados peligros. En el caso de la ratio y los grupos reducidos, la de quedarse sin alumnos para llevar a cabo una sesión. Al hablar de las agrupaciones multigrado que existan grandes diferencias de edades y de intereses entre los alumnos. En cuanto a la relación familiar, que en caso de producirse un conflicto este tendrá una trascendencia fuera del ámbito escolar.

Por consiguiente, también nos ha permitido conocer que la enseñanza llevada a cabo en estas escuelas se encuentra adaptado a las características del alumnado comentadas anteriormente (ratio, agrupaciones multigrado y relación familiar). Por este motivo, se ajusta con muchos de los principios globalizadores que proponen las corrientes pedagógicas actuales, aunque sigue contando con limitaciones provenientes del arraigo en las aulas de la metodología tradicional. Entre otros, el seguimiento de los libros de texto en alguna de las aulas o la enseñanza separado por cursos (Sauras, 2000). Ahora bien, en estos momentos esta últimas formas de trabajo comienzan a dejarse de lado para tratar de incentivar una enseñanza global de acuerdo con Álvarez (2001) está basado en la aplicación de dinámicas conjuntas o de la agrupación de contenidos que presentan similitudes entre los diversos grupos de edad, lo que nos hace pensar en esta como un entorno donde se aprende de forma interdisciplinar o tratando de desarrollar las competencias para la vida. Del mismo modo, en esta escuela también se aprende a través de una enseñanza cercano e individualizado (López, 2008). Hay que insistir en que por el número reducido de alumnos, el docente puede llevar a cabo una atención mucho más individualizada que tiene en cuenta las necesidades particulares de cada uno de sus alumnos. Un hecho que además genera una mayor complicidad y cercanía entre maestro/a y alumnado que por el contrario no puede ser encontrada en las escuelas ordinarias (Barba, 2011).

Además, esta relación favorece la detección de problemáticas así como la posterior atención a cualquier alumno con necesidades educativas especiales, ya que esta proximidad permite al profesor/a conocer cuál es la situación de cada alumno/a y por tanto como poder intervenir para su mejora. Una actuación, que por el número reducido de alumnos/as pue-de realizarse dentro de la propia aula, fomentando por tanto la integración de todos los miembros del grupo y el respeto hacia la diversidad. En la escuela rural, y de acuerdo con los postulados de Boix (1995), también se aprende de manera participativa ya que al ser un número reducido de personas en clase, los alumnos suelen tener la voz protagonista y por tanto pueden intercambiar opiniones, debatir y aprender a partir de esta interacción de manera diaria.

Asimismo, cuenta como una enseñanza abierta al exterior, ya que según Feu (2004) se invita continuamente a que las familias participan en las diversas sesiones y por tanto puedan intervenir en la educación de sus hijos. Una relación cercana que facilita el contacto directo ante cualquier imprevisto que pueda surgir, ya que los padres podrán contactar de forma inmediata con el tutor de sus hijos. Un tipo de enseñanza que complementando lo que dice Corchón (2000) trata de vincular a toda la comunidad educativa. Por el contrario, este aspecto puede llegar a convertirse en un problema sobre todo para aquellos maestros que no están acostumbrados a convivir en una escuela rural, debido a que consideran que algunos padres exceden la confianza y ven la escuela como una segunda casa donde pueden intervenir libremente.

De lo contrario, encontramos que esta escuela facilita la realización de actividades fuera del centro (Berlanga, 2003; Bustos, 2009). Por un lado, porque se encuentra ubicada cerca del campo y de la naturaleza y por otra, porque presenta grupos más reducidos de alumnos y por lo tanto, salir de la escuela no supone un peligro tan elevado. Así pues, podemos afirmar que la escuela rural facilita el aprendizaje experiencial y vincula-do con el entorno, ya que en esta se llevan a cabo actividades en las di-versas zonas del pueblo (Santamaría, 2006). Entre otros: el ayuntamiento, el azud, el polideportivo, etc. Una serie de aspectos que genera en los alumnos una gran motivación ya que ven ampliados los espacios de aprendizaje más allá del aula ordinaria. Además, estas actividades generan la creación de hábitos saludables, el respeto hacia la naturaleza y el entorno que los rodea y además permite a los alumnos con mayores dificultades económicas poder realizar salidas naturales. Asimismo, en esta escuela se trabajan las tradiciones del pueblo tanto de manera transversal en las fechas localizadas (*caterinetes*, día de la paz, fallas, etc.) como en la mayor parte de las materias del currículo como es el caso de Educación física o Música. De hecho, todos ellos coinciden en la necesidad de que éstas sean trabajadas debido a que garantizan la supervivencia cultural de la población, la transmisión de valores entre generaciones y aportan diversión a los alumnos (Bartolomé, 1991). Un arraigo hacia las tradiciones, que por el contrario generar grandes dificultades a los maestros para cambiar las costumbres que tradicionalmente han llevado a cabo en la escuela. Ahora bien, las iniciativas propuestas en el centro y el paso del tiempo, se está encargando de diluir este estancamiento del pasado y por tanto optar por mejoras educativas que siguen respetando y valorando las tradiciones del pueblo.

A continuación, hay que destacar que tener en clase alumnos de diferentes edades genera un cambio en la forma de trabajo del profesorado, que en este caso les otorgará una mayor autonomía. Por lo tanto, estas agrupaciones conducen a que el docente a pesar de que esté presente y sea un guía y mediador del proceso de enseñanza-aprendizaje, sean los propios alumnos los encargados de resolver los problemas que vayan surgiendo en el aula (Boix, 2004; Sauras, 2000).

Por este motivo utilizan la cooperación entre iguales a la hora de trabajar en el aula, ya que de manera conjunta podrán elaborar las estrategias necesarias para resolver las dificultades surgidas sin la ayuda inmediata del docente. De hecho, en esta escuela se llevan a cabo iniciativas para trabajar la cooperación con el fin de que el aprendizaje entre iguales sea determinante en la rutina diaria del aula, como es el caso de los padrinos lectores. Una serie de aspectos que se ven favorecidos por la flexibilidad del tiempo, ya que coincidiendo con las propuestas de Barba (2011), es una escuela que no presenta estructuras cerradas a nivel temporal, sino que permite que las dinámicas o actividades propuestas sean prolonga-das de acuerdo con las necesidades o exigencias del profesorado y de los alumnos.

Por lo que respecta a los recursos a lo largo de nuestra investigación hemos podido apreciar que las escuelas rurales cuentan con menos mate-riales, espacios y número de maestros que las escuelas ordinarias para llevar a cabo su enseñanza. Primeramente, sobre los recursos materiales y personales encontramos grandes limitaciones si los contaremos con las escuelas ordinarias (Pedraza, 2008). Sin embargo, son suficientes para garantizar una enseñanza de calidad al ser un centro de menores dimensiones y con un número más reducido de alumnos. Sobre todo, desde la confección de los CRA y el interés creciente de la administración hacia estas escuelas (Bernal,

2009). Lo mismo ocurre con los espacios, ya que tanto las clases como el patio son muy reducidos y por lo tanto existe un margen de actuación limitado para llevar a cabo las clases (Domínguez, 2003). Ahora bien, este hecho no afecta a la calidad de la enseñanza que se lleva a cabo en las mismas, sino que el dificulta y obliga a la escuela rural a optar por alternativas que puedan combatir esta situación: la optimización de los recursos. Por este motivo, se opta por llevar a cabo actividades en la naturaleza o en lugares del pueblo, en poder utilizar el aula como gimnasio o pabellón cubierto momentáneo o en definitiva para hacer que un aula pueda tener múltiples funciones, como podría ser impartir inglés, música o informática en el mismo espacio (Tous, 1979). Una serie de aspectos que nos permiten concluir que no hacen falta grandes espacios para llevar a cabo una enseñanza como es debido, sino que hay que potenciar la adaptabilidad al contexto a sufrir de la búsqueda de alternativas que permita el máximo aprovechamiento de los recursos (barba, 2011). Por tanto, podemos afirmar que contar con mayores recursos materiales, espaciales y personales sería beneficioso para las escuelas rurales, pero no un hecho indispensable que afecte a su supervivencia. Además, cabe destacar que a pesar de que los espacios reducidos pueden suponer un inconveniente, también pueden tener una gran utilidad pedagógica y didáctica, el intercambio de experiencias entre gran-des y pequeños. Sobre todo, porque en estas aulas se agrupan alumnos de diferentes edades que en caso de contar con espacios de mayores dimensiones no tendrían un contacto tan cercano y directo (Santamaria, 1996).

Así pues, podemos destacar que a pesar de que la escuela rural presenta algunas dificultades o problemáticas visibles, tal como hemos podido exponer presenta una gran cantidad de características que se ajustan a los principios globalizadores que plantean las corrientes pedagógicas actuales. El mayor problema sigue estando en la permanencia de la enseñanza tradicional en las aulas de nuestro país. Ante esta situación tra-taremos de descubrir de qué manera, la utilización de metodologías experienciales y globalizadoras como el ApS, permitirían diluir esta tendencia positivista para fortalecer y potenciar estas particularidades. Principalmente, porque la implementación de un proyecto de este tipo permite generar aprendizajes conceptos, procedimientos y actitudes como los que veremos a continuación.

Primeramente, la aplicación de esta intervención ha permitido a los alumnos aprender lo que supone formar parte de una escuela rural. Es decir, sus ventajas o inconvenientes y sobre todo las principales diferencias respecto a la escuela urbana (funcionamiento, ubicación, recursos, tipo de enseñanza, etc.) Una serie de aspectos que les ha permitido re-flexionar sobre su escuela y ser críticos con la realidad propia (Warren, 2012), pudiendo por lo tanto llegar a hablar de una escuela privilegiada que presenta grandes beneficios a nivel pedagógico y didáctico por las características que presenta. Además, se ha podido observar la existen-cia de una visión social predominantemente negativa que ha afectado tradicionalmente a la situación de las escuelas rurales. Principalmente, debido al poco número de alumnos y las agrupaciones multigrado. Lo mismo ocurre en el de la administración, ya que la escuela rural siempre ha sido tratada con desprecio y relegada a un segundo plano. Ante esta situación, la confección de este proyecto y el vídeo-documental final han permitido dar a conocer a la sociedad cuál es la verdadera realidad de estas escuelas y poder ayudar a cambiar la visión social predominante, dando por tanto respuesta a las necesidades reales de esta sociedad (Gil, 2012; Puig et al., 2007). Todo facilitando detalles de su funcionamiento, de las características que lo identifican y en definitiva, de la importancia que tienen para la sociedad en la que se ubican, la rural. Asimismo, este proyecto nos ha dado a conocer la falta de formación de muchos docentes sobre estas escuelas. De hecho, prácticamente la totalidad de estos des-conocían su existencia o por el contrario sus conocimientos se limitaban a testimonios de compañeros que anteriormente habían trabajados en estas. Por el contrario, ninguno de los profesores no había oído hablar de estas escuelas en el ámbito universitario y son totales desconocedores de la existencia de una forma de trabajo distinta a la ordinaria. Una serie de aspectos que desencadenan que muchos maestros tengan que pasar por un período de adaptación, ya que a pesar de que muchos de ellos prefieren trabajar en una escuela rural, esta es a nivel formativo, una realidad desconocida. Del mismo modo, ha permitido que los alumnos sean conscientes de que hay que luchar por la supervivencia de estas escuelas (Santamaría, 1996). Hay que tener en cuenta que mantener estas escuelas supondrá garantizar la supervivencia del pueblo en el que se ubican, en este caso el de Fortaleny. Conviene recordar el continuo peligro de cerrar que viven estas escuelas año tras año por el número reducido de alumnos. Un hecho que lleva vinculada la dimensión social y ciudadana promulgada por el ApS, evidenciada en la parte del servicio que necesariamente debe realizarse ante problemáticas sociales detectadas (Gil, Chiva & Martí, 2014).

Por consiguiente, este proyecto también ha permitido a los alumnos desarrollar una serie de procedimientos como la libertad de expresión, ya que en todo momento han intercambiado opiniones y sobre todo han aprendido a respetar las diferentes visiones o puntos de vista (Martínez-Odria, 2005). Además, se ha potenciado la cooperación tanto por parte de los alumnos como del profesorado (Gil, 2012). Por un lado, los alum-nos porque podido intercambiar experiencias entre grandes y pequeños y aprender recíprocamente. Por otra parte, también ha generado la necesidad de que los profesores cooperan de manera conjunta para ponerse de acuerdo para sacar adelante un proyecto de calidad (Gil, Chiva, & Martí, 2014), del que están a estas alturas muy orgullosos.

Uno de los otros aspectos que se han desarrollado es la iniciativa personal, ya que los alumnos en las diversas sesiones propuestas, principal-mente a través del debate, de las entrevistas o para decorar el cartel o de elaborar una creación conjunta, hicieron uso de esta calidad para poder demostrar su validez y su aportación al proyecto (Batlle, 2011). Además, en estas dos últimas sesiones, que presentan un gran vínculo con la ex-presión artística, también se ha desarrollado la creatividad, sobre todo a partir de la aportación de los alumnos más pequeños que contribuían al proyecto a partir de la expresión gráfica. Asimismo, el proyecto también ha servido para reducir el miedo a hablar en público. Principalmente, porque las diversas sesiones propuestas presentan una gran carga de interacción y comunicación oral, de intercambio de experiencias y de debate, sobre todo en la parte final de cada una de estas donde se lleva a cabo una reflexión (Gil, Chiva & Martí, 2014). Sin embargo, para que el hecho de que todas las sesiones fueron gra-badas y la confección final de un documental, desencadena una presencia prolongada en el contexto de estudio de las cámaras y por dad una reduc-ción de este miedo a hablar ante el resto de compañeros (autor documen-tal). Del mismo modo, hay que añadir la curiosidad que ha supuesto formar parte del proyecto (Batlle, 2011). Sobre todo porque desconocer que forma-ban parte de una escuela rural y las características que la definen, ha gene-rado que los alumnos buscan e indagan para tratar cuál es la realidad de estas escuelas y por lo tanto ha motivado a saber más aspectos e ir mucho más allá. A continuación, y de acuerdo con Raso, Hinojo & Solá (2015) hay que remarcar que el uso de las nuevas tecnologías han supuesto una motiva-ción extra para los alumnos y les ha permitido aprender a buscar informa-ción y utilizar diferentes herramientas de manera virtual. Finalmente, el proyecto también ha generado una dinámica activa entre los alum-nos (Ca-pilla, Gil & Martí, 2014). Los motivos se basan en que ilas diversas sesiones propuestas combinaban el trabajo en el aula y el llevado a cabo fuera de esta, siendo estas últimas las que propiciaron una mayor motivación para que les permitirían aprender las características y particularidades de la es-cuela rural de manera lúdica y divertida.

A lo largo de esta investigación también se han generado distintas actitudes por parte de los alumnos, que fueron totalmente positivas. Por ello, hemos podido observar que ha resultado una experiencia divertida para los alum-nos porque han combinado aspectos lúdicos que conocían previamente con otros nuevos que les han resultado motivadores. También, porque han in-teractuado con gente externa al centro que les ha podido aportar la conse-cución de beneficios académicos y curriculares como de la adquisición de valores (Chiva, 2014). Pero, sobre todo hay que remarcar que la grabación ha sido un aspecto fundamental clave para aumentar la motivación de los alumnos en el transcurso de este proyecto. Por consiguiente, este proyecto también ha servido para crear actitudes de preferencia en el alumnado de la escuela rural respecto a la ordinaria, ya que muchos de ellos defienden y afirman que la suya es la mejora escuela y, incluso, alumnos con pasado en la escuela ordinaria, optan para defender y escoger la escuela rural. Principalmente, por la ratio y la relación familiar entre los alumnos, ya que ésta genera grandes vínculos de amistad y una relación mucho más cercana. También, porque pueden aprender con alumnos de diferentes edades o porque en estas se trabaja de manera más dinámica y experiencial que en las escuelas ordinarias, sobre todo a partir de actividades fuera del centro (Puig et al., 2007). Los maestros también optan por defender la situación de estas escuelas, prefiriéndose las antes que las ordinarias afirmando que es un trabajo mucho más enriquecedor porque conoces mucho más a los alumnos. Finalmente, este estudio también ha generado una gran satisfacción entre los participantes colaboradores que han formado parte. Por un lado, para los maestros especialistas ha sido una experiencia positiva que ha servido para mejorar en sus respectivas materias y para la tutora y el resto de profesores en general, ha sido una experiencia muy apropiada para mostrar actitudes de defensa hacia en la escuela en general. En este caso, de defensa hacia las escuelas rurales han servido para que recomiendan al resto de alumnos que desconocen estas escuelas que se suman a un proyecto como este y que incluso muestran su intención de que les gustaría seguir en un futuro estudiante en una escuela como ésta.

Así pues, los conceptos, procedimientos y actitudes expuestos anteriormente nos dan a conocer que las propuestas metodológicas experiencia-les y globalizadoras permiten potenciar las características de la escuela rural y por tanto ayudar a convertirlas en un referente educativo (Boix, 1985). Sobre todo, porque de la aplicación de una propuesta como ésta se derivan una gran cantidad de aprendizajes como los que se ha expuesto a lo largo de este apartado. Los motivos recaen en que el ApS es una metodología que encaja con el modelo educativo rural, ya que en estas encontramos grandes similitudes y complementariedades que permitirían a la escuela rural y al ApS nutrirse recíprocamente. Entre otros, trabajar de manera dinámica y participativa teniendo el alumno un papel protagonista, vincular los aprendizajes con el entorno de los alumnos para que pueda experimentar y aprender de manera funcional (Capilla, Gil y Martí, 2014). Asimismo, optar por una enseñanza global donde se aprende de forma interdisciplinar, abrir el currículo al resto de la comunidad educativa y entender el significado de la propia realidad educativa o social (Chiva, Gil & Martí, 2014). Además de dar una mayor autonomía a los alumnos para elaborar estrategias de resolución de problemas, incentivar la cooperación en el aula así como tener iniciativa y curiosidad para solucionar cualquier problemática social (Tapia, 2008), que en este caso se basaría en dar a conocer que la escuela rural no es un modelo educativo pasado repleto de prejuicios, sino un referente pedagógico para el futuro que debe ser trabajado a partir de propuestas metodológicas experienciales y globalizadoras como el ApS.

Conclusiones

En primer lugar, podemos concluir que las características de la escuela rural que mayormente se ajustan a los principios globalizadores que propone la enseñanza actual son la ratio reducida, el aprendizaje multigrado, la relación familiar entre los alumnos, la enseñanza cercana e individualizada, global, participativa, abierta, vinculada con el entorno, autónoma y cooperativa, optimización de los recursos materiales, espaciales y personales, flexibilidad temporal y ubicación en el medio rural.

En segundo lugar, que la presencia de estas características en la escuela rural nos permite afirmar que ésta no presenta un modelo educativo pasado y sin posibilidades, sino más bien que puede convertirse en un referente de cara al futuro, ya que las sus características se ajustan en buena medida con las propuestas para obtener un verdadero enseñanza de calidad.

En tercer lugar, que la implementación del proyecto nos permite apreciar que las características de la escuela rural son mejor aprovechadas si se utilizan estrategias metodológicas innovadoras como el ApS, ya que permite a los alumnos desarrollar diferentes conceptos, procedimientos y actitudes que a través de la enseñanza tradicional no serían posibles.

En cuarto lugar, que los aspectos principales que se han adquirido y que nos permiten corroborar la conclusión anterior se basan en que a través de esta propuesta, los alumnos han trabajado conceptos como la concienciación de la propia realidad educativa, la superación de los prejuicios tradicionales, han valorado la necesidad de luchar por la supervivencia de la escuela rural. También, han desarrollado procedimientos como la libertad de expresión la iniciativa, la reducción del miedo a hablar en público, la creatividad, curiosidad, el uso de ellos nuevas tecnologías y la dinámica activa. Todo desarrollando a su vez actitudes como la diversión, la preferencia y la satisfacción por formar parte de esta escuela, la del mundo rural.

En quinto lugar, que el modelo educativo planteado en la escuela rural y la enseñanza promulgado por las propuestas innovadoras como el ApS presentan grandes similitudes que permiten que ambas se nutran recíprocamente y llegar a desarrollar los conceptos, procedimientos y actitudes expuestos anteriormente. Entre otros, trabajar de manera dinámica y participativa teniendo el alumno un papel protagonista, vincular los aprendizajes con el entorno de los alumnos para que pueda experimentar y aprender de manera funcional, optar por una enseñanza global donde se aprende de manera interdisciplinar, abrir el currículo al resto de la comunidad educativa, respetar y entender el significado de la propia realidad educativa o social, dar una mayor autonomía a los alumnos para elaborar estrategias de resolución de problemas, incentivar la cooperación en el aula así como tener iniciativa y curiosidad para combatir cualquier problemática social.

Por último y como conclusión final de esta investigación sería necesario remarcar que el modelo educativo de la escuela rural presenta las condiciones necesarias para convertirse en un referente pedagógico del presente y futuro. Como hemos visto en el caso de Fortaleny, porque presenta las características que todo aquel centro de mayores dimensiones quisiera disfrutar. Entre otros, contar con un número reducido de alumnos que puedan aprender de manera heterogénea, cercana e individualizada, con actividades fuera del centro que permite ampliar el espacio escolar y donde las familias tengan un papel protagonista en el proceso de enseñanza -aprendizaje. Sobre todo, si se trabaja a partir de metodologías innovadoras, experienciales y globalizadoras, ya que como hemos visto a través del proyecto implementado en la Escuela Pública de Fortaleny, estas favorecen y potencian la enseñanza de las escuelas rurales. Una serie de aspectos que evidencian la proximidad entre el modelo educativo de la escuela rural y el ApS, siendo por tanto esta relación una oportunidad para superar los prejuicios pasados de la escuela rural y convertirla en un referente pedagógico.

Referencias bibliográficas

Álvarez, J. M. (2001). Evaluar para conocer, examinar para excluir. Madrid: Morata.

Barba, J. J. (2011). El desarrollo profesional de un maestro novel en la escuela rural desde una perspectiva crítica. Tesis doctoral. Valladolid: Escuela de Magisterio de Segovia Departamento de Pedagogía

Bartolomé, J. M. (1991). Sobre el concepto de ruralidad: crisis y renacimiento rural. Política y sociedad, 8, 87-94.

Batlle, R. (2011). ¿De qué hablamos cuando hablamos de aprendizaje-servicio? Crítica, 972, 49-54.

Bernal, J. L. (2009). Luces y sombras en la escuela rural. Zaragoza: UNIZAR.

Boix, R. (1995). Estrategias y recursos didácticos en la escuela rural. Barcelona: Graó

Boix, R., y Bustos, A. (2014). La enseñanza en las aulas multigrado: una aproximación a las actividades escolares y los recursos didácticos desde la perspectiva del profesorado. RIEE. Revista Iberoamericana de Evaluación Educativa, 7(3), 29-43.

Bustos, A. (2009). Los grupos multigrado de educación primaria en Andalucía. Tesis doctoral. Granada: Departamento de Didáctica y Organización Escolar de la Universidad de Granada.

Capella, C., Gil, J. y Martí, M. (2014). La metodología del aprendizaje-servicio en la educación física. Apunts. Educación Física y Deportes, 116(2), 33-43.

Chiva, O. y Martí, M. (2016). Métodos pedagógicos activos y globalizadores. Barcelona: Graó.

Corchón, E. (2000). La escuela rural: pasado, presente y perspectivas de futuro. Barcelona: Oikos-Tau.

Denzin, N. y Lincoln, Y. (2012). Manual de investigación cualitativa. Barcelona: Gedisa.

Eyler, J. y Giles, D. (1999). Where's the learning in service-learning?. San Francisco: Jossey-Bass

Feu, J. (1998). Política i legislació educativa a l'entorn de l'escola unitària i cíclica. Tesi doctoral. Girona: Departament de Pedagogia de la Universitat de Girona.

Furco, A. y Billig, S. (2002). Service Learning. The essence of the Pedagogy. Greenwich: Information Age Publishing.

Gil, J. (2012). El aprendizaje-servicio en la enseñanza superior: una aplicación en el ámbito de la Educación Física. Tesis Doctoral. Castellón: Universitat Jaume I.

Goetz, J., Ballesteros, M. y Lecompte, M. (1988). Etnografía y diseño cualitativo en investigación educativa. Madrid: Ediciones Morata.

Krippendorff, K. (1990). Metodología de análisis de contenido: teoría y práctica (traducción de Leandro Watson). Barcelona: Paidós.

Martínez-Odría, A. (2005). Service-learning o aprendizaje-servicio: una propuesta de incorporación curricular del voluntariado. Tesis Doctoral. Navarra: Departamento de Educación de la Universidad de Navarra.

Patterman, N. (1989). On collaboràtion with teachers. Qualitative research in education Teaching and learning qualitative traditions, 127-145

Pedraza, M. Á. (2011). La Investigación-Acción como vía de desarrollo profesional en el profesorado de Educación Física en la escuela rural. Tesis doctoral. Valladolid: Escuela Universitaria de Magisterio de Segovia Departamento de Pedagogía.

Popkewitz, T. (1988). Paradigma e ideología en investigación educativa: las funciones sociales del intelectual. Madrid: Mondadori

Puig, J. M., Batlle, R., Bosch, C. y Palos, J. (2007). Aprendizaje servicio. Educar para la ciudadanía. Barcelona: Octaedro.

Raso, F. (2012). La escuela rural andaluza y su profesorado ante las tecnologías de la información y la comunicación (TICs): estudio evaluativo. Tesis doctoral. Granada: Departamento de Didáctica y Organización Escolar de la Universidad de Granada

Raso, F., Hinojo, M. y Solá, J. M. (2015). Integración y uso docente de las tecnologías de la información y la comunicación (TIC) en la escuela rural de la provincia de Granada: estudio descriptivo. REICE. Revista Electrónica Iberoamericana sobre Calidad, Eficacia y Cambio en Educación, 13(1), 139-159.

Santamaría, R. (1996). La escuela rural entre 1970 y 1990. Zona del río Villahermosa. Tesi doctoral. Castelló: Departamento de Educación de la Universitat Jaume I de Castelló.

Sauras, P. (2000). Escuelas rurales. Revista de Educación, 322, 29-44.

Subirats, M. (1983). La escuela rural en algunas comarcas catalanas: estructura, efectos y posibles formas de evolución. En J. Varela (Ed.), Perspectivas actuales en sociología de la educación (pp. 165-175). Madrid: Universidad Autónoma de Madrid.

Tapia, M. N. (2008). Calidad académica y responsabilidad social: el Aprendizaje- Servicio como puente entre dos culturas universitarias. En M. Martínez (Ed.), Aprendizaje servicio y responsabilidad social de las universidades (p. 27-56). Barcelona: ICE-Octaedro.

Yin, R. (1984). Case Study Research. Design and Methods. Unites States of America: SAGE Publications.

CAPÍTULO VIII

UNA EXPERIENCIA DE APRENDIZAJE Y SERVICIO DESDE EL ÁREA DE PSICOLOGÍA

Juan Manuel Monfort Prades
Colegio Mater Dei Castellón
Universidad Cardenal Herrera CEU Castellón

Resumen

Aprender a través del servicio a una comunidad se ha convertido en una experiencia innovadora cada vez más extendida. La experiencia que se presenta a continuación ha tenido lugar en el Colegio Mater Dei de Castellón, donde los alumnos de Psicología de 2º de Bachillerato han trabajado durante unas semanas con los alumnos de Educación Infantil.

A través de una serie de juegos los alumnos han reflexionado y profundizado sobre los procedimientos cognitivos básicos y superiores que son objeto de su estudio en el área de Psicología. Un diario de campo ha sido la herramienta elegida para que los alumnos pongan por escrito sus pensamientos y experiencias, de esta forma ha quedado reforzado su aprendizaje a la vez que han prestado un servicio a la comunidad. Dicho servicio ha dado enormes frutos de carácter humano como el conocimiento mutuo de profesores de infantil y alumnos de bachillerato, el conocimiento de los niños, el fortalecimiento de los lazos comunitarios, la sensibilización ante la importancia de la educación y sus complejidades, etc.

Palabras claves

Aprendizaje-servicio, motivación, psicología, memoria, comunidad.

Introducción

El aprendizaje servicio se ha desvelado como una metodología innovadora con una gran capacidad para potenciar una formación significativa de los alumnos. Su capacidad para aunar los contenidos curriculares con la realización de una tarea en la que se presta un servicio a la comunidad, ha convertido este recurso en una potente arma que en manos de profesores con voluntad de comprometerse con la innovación educativa puede ofrecer, como ya puede comprobarse por los datos publicados (Batlle, 2013), unos resultados asombrosos.

En ocasiones puede dar la sensación de que esta metodología debería estar reservada a centros con una serie de necesidades específicas o a colectivos de alumnos con grandes dificultades para seguir en el sistema educativo. Si bien es cierto que en estos ámbitos la función del aprendizaje servicio puede ser capital, también es cierto que como herramienta para conseguir aprendizajes significativos, debería extenderse a cualquier tipo de centros, niveles educativos o destinatarios independientemente de problemáticas concretas.

La tarea de un conjunto de profesores del Colegio Mater Dei de Castellón ha consistido en introducir esta metodología en el área de Psicología de 2º de Bachillerato, un curso en el que en principio no suelen realizarse experimentos didácticos innovadores debido a la presión que las pruebas de acceso a la Universidad. Sin embargo, los alumnos suelen expresar la necesidad de una parte de la asignatura trabaje aspectos prácticos, lo que dio pie a la introducción de este proyecto que se describirá a continuación. Por otra parte, el centro está fuera de las áreas urbanas y está integrado en un espacio natural en el que no existe ninguna institución social cercana que no pertenezca al propio centro, lo que significa ciertas limitaciones para la propuesta que tendríamos que solventar buscando un ámbito de trabajo y servicio en el propio centro, en este caso los alumnos de cinco años.

Objetivos Generales

Puesto que el trabajo se lleva a cabo con un grupo de bachillerato, entre los objetivos de esta etapa que plantea la LOMCE debíamos tener en cuenta especialmente el que dice lo siguiente: "Ejercer la ciudadanía democrática, desde una perspectiva global, y adquirir una conciencia cívica responsable, inspirada por los valores de la Constitución española así como por los derechos humanos, que fomente la corresponsabilidad en la construcción de una sociedad justa y equitativa".

En cuanto a los contenidos de la materia con los que este proyecto estaría vinculado deben destacarse los siguientes: atención (bloque 3), memoria (bloque 3), aprendizaje (bloque 4) y motivación (bloque 5).

Los principales *criterios de evaluación* de la materia que deberían tenerse en consideración serán tres:

B4.1. Explicar las principales teorías sobre el aprendizaje, identificando los factores que cada una de ellas considera determinantes en este proceso, con el objeto de iniciarse en la comprensión de este fenómeno, sus aplicaciones en el campo social y utilizar sus conocimientos para mejorar su propio aprendizaje.

B3-3 Conocer y analizar la estructura, tipos y funcionamiento de la memoria humana, investigando las aportaciones de algunas teorías actuales con el fin de entender el origen, los factores que influyen en el desarrollo de esta capacidad en el ser humano y utilizar sus aportaciones en su propio aprendizaje.

B5.1. Explicar y valorar la importancia de la motivación, su clasificación y su relación con otros procesos cognitivos, desarrollando los diferentes supuestos teóricos que la explican y analizando las deficiencias y conflictos que en su desarrollo conducen a la frustración.

A nivel de competencias a desarrollar por los alumnos conviene resaltar las siguientes:

Competencia social y ciudadana: ser capaz de dar a la actividad de aprendizaje servicio un sentido personal y ético.

Competencia en autonomía e iniciativa personal: Ser capaz de trabajar solo, comprender y decidir en cada momento del proceso lo que se debe realizar y ejercer funciones de liderazgo.

Competencia en aprender a aprender: Ser capaz de aplicar conocimiento a las situaciones problemáticas en las que se interviene.

Teniendo en cuenta todo lo anterior fueron establecidos los siguientes objetivos:

a. Fortalecer la comunidad escolar a través de una experiencia lúdico-educativa entre los alumnos de 2º de Bach y de Infantil.

b. Descubrir la relevancia que tiene para el desarrollo personal las experiencias de servicio.

c. Afianzar contenidos curriculares como: memoria, atención, motivación y aprendizaje.

d. Valorar la importancia de la participación y la inclusión de todos los protagonistas de una actividad.

Método-Desarrollo del trabajo

La actividad consistió en dirigir y acompañar a los pequeños de cinco años en unos grupos interactivos. La clase de infantil se halla dividida en equipos de cuatro o cinco alumnos y cada alumno de Bach. recibía a los grupos y dirigía un juego durante unos 15 minutos aproximadamente. De esta forma ante ellos pasaban tres grupos en cada sesión. La actividad tuvo una duración de siete sesiones y se llevaron a cabo durante horas lectivas del área de Psicología. Las actividades eran las siguientes:

1. Atención (Los tapones). En unos tableros con tapones deben reproducir una serie de láminas de colores.

2. Simetría (Regletas cuisenaire). El voluntario crea una figura con las regletas y los niños tienen que reproducirla en un espacio preparado para ello.

3. Geoplano (Figuras con gomas). El voluntario forma unas figuras dadas en plantillas que los niños intentan reproducir.

4. Percepción espacial (tangram). Los voluntarios dan a los niños unas plantillas con las formas que tienen que construir.

5. Bloques lógicos. Los voluntarios ofrecen unas plantillas con atributos que los niños tienen que interpretar y a continuación elegir el bloque.

6. Percepción (láminas con dibujos). El voluntario muestra una lámina con unos dibujos que se distinguen entre sí tan solo en el color. A los niños se les reparte una serie de fichas cada una con un dibujo que tienen que ordenar sobre la lámina principal.

¿Qué obligaciones concretas tenían los alumnos de Bach durante la sesión?

En primer lugar los alumnos tuvieron una sesión de formación en la que la coordinadora de Infantil les dio las indicaciones apropiadas y les explicó las cuáles serías las tareas que debían desarrollar. En ese contexto se fijaron las directrices principales para los voluntarios:

1. No es necesario tener un conocimiento específico de la materia.

2. Presenta a cada grupo la actividad que le ha tocado dinamizar.

3. No corrige a los alumnos en el desarrollo de la actividad.

4. Promueve las interacciones entre iguales, interacciones que buscan que entre ellos se ayuden a resolver los problemas.

5. Promueve las interacciones que considere necesarias con cada alumno para:

- que participe en la actividad.
- que la entienda.
- terminar las actividades.
- animarles.
- que si hay alguno que no sabe desarrollar la actividad motivar a otros para que se la expliquen.

6. Pasa información al profesor al terminar la sesión a través de la siguiente plantilla (en la sesión de formación se les indica la importancia de mantener la confidencialidad sobre el desarrollo de los niños o sobre comentarios que puedan aparecer durante las sesiones):

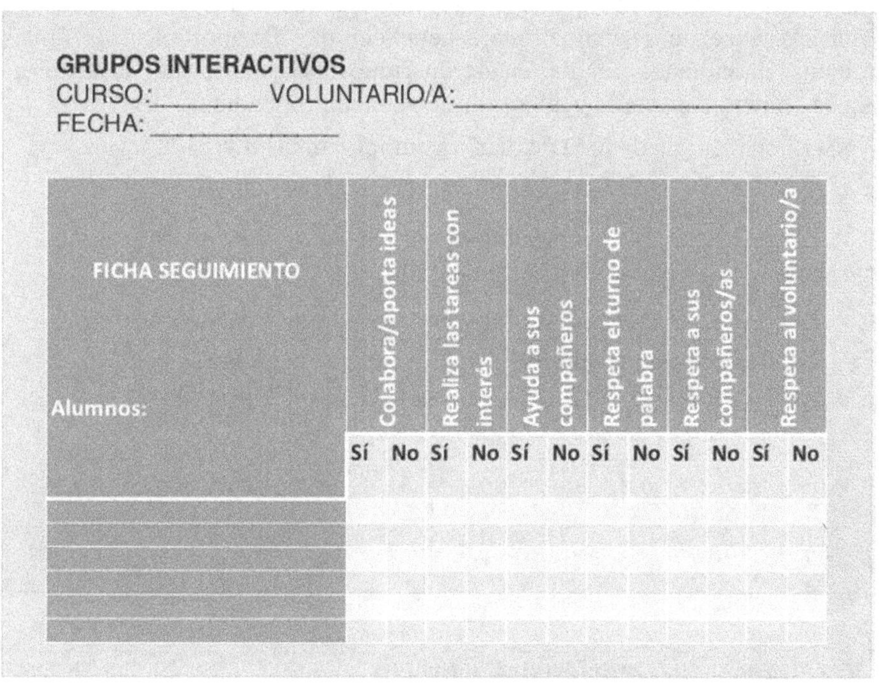

¿Qué obligaciones tenían los alumnos de Bach después de la sesión?

Tras la sesión de servicio, los alumnos debían dedicar un tiempo a completar un diario en el que debían reflexionar sobre sus experiencias en el aula de infantil desde los conceptos tratados en el área de psicología. La importancia de una herramienta como esta en los proyectos de aprendizaje servicio ha quedado acreditada por la experiencia, especialmente por su capacidad de provocar la reflexión. "Reflexionar y escribir es una excelente fórmula para aprender de una experiencia vivida" (Páez Sánchez y Puig Rovira, 2013: 24). El guión de trabajo fue el siguiente:

1. *Portada* (título, curso, asignatura, profesor, nombre del alumno) e *índice*.

2. *Entidad en la que has realizado el APS* (Nombre; Año de inicio; labor que realiza. Describe brevemente el nivel y el lugar, cantidad de alumnos, etc.)

3. *Descripción del servicio que has realizado*

4. *Diario de trabajo* (A lo largo del curso estamos trabajando diferentes conceptos, desde la experiencia y la observación del día a día intenta explicar cómo funcionan en el contexto de tu práctica los conceptos de: aprendizaje, motivación, memoria y atención. Estos cuatro conceptos deben tenerse siempre en cuenta a lo largo de las sesiones de APS y el diario de campo. A cada sesión de APS debe cumplimentarse una hoja de diario de campo)

5. *Conclusiones de la experiencia* (Temas que deben tratarse: beneficios que has conseguido personalmente, beneficios que has aportado a los otros, algunas dificultades surgidas en el transcurso de la experiencia, situaciones que te hayan impactado y mejoras que pueden proponerse).

Este es un ejemplo de hoja de diario a cumplimentar tras cada sesión:

Diario de trabajo

Fecha: Hora: Actividad:

Observaciones durante las actividades	Análisis, valoraciones e interpretaciones

Resultados y evaluación del proyecto

La primera parte de la evaluación del trabajo por parte del alumnado consistió en completar una diana de autoevaluación como la que sigue:

Evaluación proyecto aprendizaje y servicio

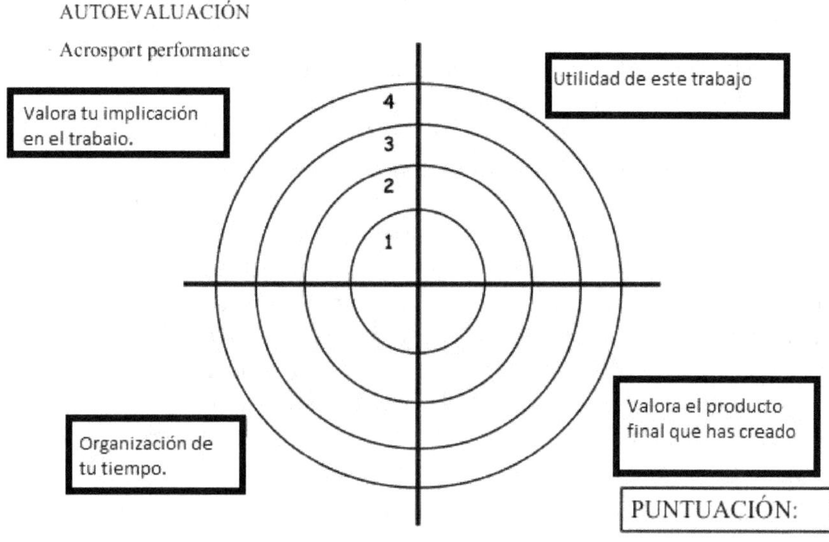

Tras completar la diana de autoevaluación, los alumnos debían responder a una serie de preguntas:

1. Escribe una breve reflexión sobre los ítems de la diana. ¿Por qué los has valorado así?

    a. Implicación

    b. Organización de tu tiempo para redactar

    c. Valoración del dossier de trabajo redactado

    d. Utilidad de esta experiencia de servicio

2. El objetivo de este trabajo es aprender haciendo un servicio a la comunidad. ¿En qué medida crees que se ha cumplido este objetivo?

3. ¿De qué estás más orgulloso?

4. ¿Puedes explicar cuáles son los aprendizajes más significativos para ti en este tiempo?

5. ¿Cuáles han sido las principales dificultades para llevar a cabo el trabajo (tanto en el aula como la redacción del diario)?

6. ¿Crees que este proyecto te ha ayudado a consolidar/profundizar los contenidos curriculares de Psicología de 2º de Bachillerato?

7. Haz una valoración general y haz propuestas de mejora para próximas experiencias.

Tras darles 35 minutos para pensar estas preguntas, se llevó a cabo una puesta en común donde los alumnos explicaron sus respuestas y en algunos casos tras el diálogo las ampliaron.

Una semana más tarde se llevó a cabo una pequeña celebración del aprendizaje en la que se encontraron de nuevo todos los protagonistas y los alumnos de infantil dieron a los alumnos de Bach un pequeño regalo como recuerdo de la experiencia y como acción de gracias: una taza decorada por los alumnos con colores, sus nombres y mensajes para los alumnos que habían estado con ellos durante las sesiones. En mayo, para dar publicidad al proyecto, además de las debidas referencias en redes sociales se publicó un artículo sobre todo el proceso en la revista *Arrels* que llega tanto a las familias de todos los alumnos como a buena parte de la sociedad castellonense. Este artículo lo escribieron las profesoras de infantil implicadas en el trabajo dado que los alumnos de 2º de Bachillerato estaban a las puertas de las pruebas de acceso a la universidad y no disponían de más tiempo para el desarrollo de acciones vinculadas con el proyecto.

Cabe decir que los productos obtenidos como reflejo del aprendizaje resultaron todos satisfactorios. Los alumnos valoraron muy positivamente la actividad y, a la vez, ofrecieron numerosas ideas para la reflexión y mejora de la propuesta.

Una vez descrita la actividad llevada a cabo y cómo los alumnos la evaluaron es necesario traer a colación la reflexión que los docentes llevamos a cabo para identificar sus fortalezas y sus debilidades para así poder en el próximo curso llevarla a cabo de forma más satisfactoria.

Como herramienta para esta valoración global se ha tenido muy en cuenta especialmente la obra *11 ideas clave. ¿Cómo realizar un proyecto de aprendizaje servicio?* y también *Aprendizaje y servicio. Educar para la ciudadanía*. Estos dos trabajos, especialmente el primero, nos darán las claves para reflexionar ordenadamente sobre el trabajo realizado.

1. Reflexión desde la propia definición de APS (Puig, 2015: 22).

Cuando se analiza la definición de aprendizaje servicio se desvelan las siguientes claves de esta metodología, ¿en qué medida el trabajo propuesto responde a ellas?

"El APS desarrolla procesos conscientes de aprendizaje y promueve la adquisición de conocimientos, valores y competencias". En esta propuesta queda claro desde el primer momento que los alumnos participan en esta actividad para profundizar, afianzar y también cuestionarse sobre algunos de los temas centrales del curso.

"El APS se propone llevar a cabo un servicio auténtico a la comunidad que permite aprender y colaborar en un marco de reciprocidad". El servicio en este caso como guías de una actividad con alumnos de infantil queda perfectamente definido y es una de las claves de la actividad. Respecto a la reciprocidad, queda acreditada en las reflexiones que los alumnos han realizado al final al hablar de todo lo recibido durante los días de trabajo, en la evaluación por parte del profesorado de educación infantil y también por parte de los pequeños el día de la celebración del aprendizaje en el que entregaron un obsequio a los alumnos de Bach. para darles las gracias.

"El APS requiere una red de relaciones y alianzas entre las instituciones educativas, las sociales y las administraciones". En este caso, la actividad ha quedado concentrada en el entorno del centro aunque ha requerido la creación de relaciones y alianzas entre distintos niveles educativos, algo que ha reforzado también a nivel de profesorado la comunidad educativa.

Por último, "la realización de proyectos de aprendizaje servicio requiere una pedagogía sensible al acompañamiento, una pedagogía de la experiencia, la reflexión y el reconocimiento". En este sentido la actividad puede decirse que responde a las exigencias de lo que debe ser un aprendizaje servicio. El acompañamiento de los alumnos está presente tanto por parte del profesor del área de Psicología, como por parte del equipo de profesionales de E. Infantil, además los propios alumnos de Bach. han tenido la experiencia de acompañar semana tras semana a los pequeños y percibir sus evoluciones. El diario de trabajo permite hacer de la reflexión un pilar fundamental de toda la experiencia, por último, la celebración del aprendizaje y la publicación del artículo en la revista del colegio son la clave del reconocimiento del servicio realizado tanto por los protagonistas como por parte del colegio como institución.

2. Reflexión sobre el APS como propuesta para mejorar el entorno, lo que exige un trabajo de detección de necesidades.

El concepto de necesidad social hay que entenderlo como situaciones de carencia, injusticia o dificultad detectadas en la realidad y que invitan a comprometerse en la mejora de la calidad de vida tanto de personas como de la comunidad o del entorno. Sin embargo este concepto tomado al pie de la letra restringe en buena medida el ámbito de trabajo del APS, por lo que hay que atender a la propuesta de Xus Martín en (Puig, 2015: 31): "Si por necesidades sociales únicamente consideramos estas situaciones, estamos traicionando uno de los principios que animan la puesta en marcha del aprendizaje servicio: el convencimiento de que puede aplicarse a cualquier edad y a cualquier ámbito educativo porque todas las personas son capaces de aportar desde el aprendizaje servicio vamos a rebajar la intensidad con la que algunos foros se usa el término y vamos a incluir también aquellas situaciones que, pese a no ser extremadamente carenciales, son mejorables y que permiten cambios que beneficiarían a la comunidad o incrementarían la calidad de vida de algunas personas".

La experiencia que se está describiendo se enmarca en un concepto de necesidad amplio, como reconoce el autor citado, ya que la necesidad a la que se enfrenta el trabajo está relacionada, por ejemplo, con el fortalecimiento de los lazos entre los miembros de la comunidad escolar de forma que ésta queda reforzada y por ende mejora su calidad de vida.

¿Cómo se detecta una necesidad? (Puig, 2015: 30). El cauce más adecuado sería que el grupo lanzase propuestas tras observar la realidad y analizarla directa o indirectamente.

Sin embargo, también es posible que una organización pida a un grupo de alumnos participar en una tarea, de manera que el servicio en este caso precede a la detección de necesidades. En este segundo caso, el profesor deberá crear en los alumnos la conciencia de la necesidad y de los beneficios de su trabajo. "Mientras que en algunos casos la intervención educativa se orientará a ayudar al grupo a descubrir por ellos mismos una necesidad, en otros será más oportuno diseñar actividades que permitan a los jóvenes entender y dejarse afectar por un problema que otros ya han percibido. Se haga de una u otra manera, la detección de necesidades debe motivar a la acción y permitir establecer retos cívicos que el grupo puede asumir si se prepara para ello" (Puig, 2015: 33).

3. Reflexión sobre el aprendizaje servicio como gran experiencia educativa significativa, por lo que debe incluir: participación, cooperación, reflexión y reconocimiento.

¿En qué medida se hacen estas presentes en la experiencia que se está analizando? Para ello se recurre a las rúbricas de Maribel de la cerda sobre estos ítems (Puig, 2015: 49).

Respecto a la participación, el modelo en el que cabe enmarcar este trabajo es el de la participación cerrada, pues la actividad fue ofrecida a los alumnos sin posibilidad de introducir modificaciones por su parte. El reto que se plantea sería avanzar hacia una participación liderada en la que los alumnos asuman el protagonismo y el profesional se retire en cierta medida para dejar paso a las iniciativas de los jóvenes.

Respecto a la cooperación, nos moveríamos en un modelo de cooperación total, en el que los alumnos se complementan, pues cada uno con su actividad logran ofrecer a los niños unas actividades que les permiten crecer y desarrollar diferentes aspectos formativos. El reto que se plantea sería avanzar hacia una cooperación expansiva por la que se pudiese contar con agentes externos e intentar generar redes de acción comunitaria.

Respecto a la reflexión, en vistas de la rúbrica citada parece que el trabajo se mueve en el entorno de la reflexión continua gracias al trabajo del diario, de la autoevaluación final y de la evaluación global, las cuales cubren todo el proceso del proyecto. El reto que se podría alcanzar es el de la reflexión productiva, de forma que los alumnos propongan un producto elaborado por ellos mismos que pueda hacerse público contribuyendo así a la tarea de dar a conocer la experiencia.

Respecto al reconocimiento, puede decirse que el proyecto está en el entorno del reconocimiento público, pues además de muestras de agradecimiento tenemos difusión de la actividad en medios de comunicación. Pese a poder decir que en este aspecto el trabajo ha conseguido situarse en la zona más alta de la tabla, es necesario no perder de vista que las actividades llevadas a cabo pueden siempre realizarse mejor y son siempre susceptibles de evaluación.

4. Reflexión sobre el partenariado como una experiencia de apertura a la sociedad necesaria en los proyectos de APS.

El partenariado puede ser de varios tipos (Puig, 2015: 69):

a. Partenariado unilateral, se produce en los proyectos en los que participa una sola organización educativa, bien porque se accede directamente al espacio de servicio, bien porque el receptor forma parte de la organización que lo impulsa.

b. Partenariado dirigido, cuando participan al menos dos organizaciones, en este caso la entidad social ofrece sus espacios.

c. Partenariado pactado, las dos organizaciones pactan las condiciones de aplicación del proyecto, aunque haya sido diseñado por sólo una de ellas.

d. Partenariado construido, las organizaciones implicadas diseñan y pactan conjuntamente desde el principio todo el proyecto.

El programa de proyecto propuesto se encontraría en el primer nivel, en un partenariado unilateral en el que tanto impulsores como receptores pertenecen a una misma organización. Debido a las condiciones del centro, no resulta fácil subir de nivel en cuanto a partenariado, sin embargo, es necesario usar la imaginación para dar a luz a nuevas propuestas para el futuro.

5. El APS es una metodología que tiene como objetivo impregnar el proyecto educativo de centro.

El APS es una propuesta que busca integrarse y consolidarse en el proyecto de centro para lo que podemos encontrar también diferentes modelos (Puig, 2015: 78):

Fase incipiente: El APS es una iniciativa puntual de un docente.

Integración limitada: El equipo directivo y una parte significativa del profesorado reconocen y apoyan las iniciativas desarrolladas hasta ese momento.

Integración notable: las propuestas implican a una mayor cantidad de docentes, se llevan a cabo experiencias en más de un nivel, se desarrollan parte de los contenidos curriculares y se contribuye a definir la metodología y las formas organizativas del centro.

Integración máxima: se produce cuando se desarrollan varias experiencias todos los cursos, se implica a buena parte del profesorado, se reconoce en el proyecto educativo del centro y forma parte de su cultura.

Entre estas condiciones, debemos reconocer que el centro donde se ha desarrollado la actividad se encuentra en la segunda fase de integración, pues han sido 5 los profesores implicados y la dirección está decidida a apoyar e integrar en el proyecto del centro esta metodología. En los próximos años deberíamos avanzar hacia condiciones de integración más avanzadas en las que más profesorado tomase iniciativas y el APS fuera normalizado en el centro.

6. El seguimiento y la evaluación del proyecto de aprendizaje servicio son dos elementos fundamentales.

Es importante, en cuanto al aprendizaje, establecer momentos y actividades para reflexionar y evidenciar los aprendizajes que se van realizando, cómo y dónde se han realizado y en qué momentos han sido útiles, así como recoger y organizar evidencias. También es necesario verbalizar los sentimientos, emociones y satisfacciones que se generan.

Respecto al servicio, debería llevarse a cabo un seguimiento de las actividades realizadas en las aulas y también sobre el terreno, prestando especial atención a la asistencia, la idoneidad de los recursos disponibles, las relaciones personales, la motivación, etc. en definitiva una evaluación también sobre aspectos organizativos. Para evaluar el proyecto deben tenerse en cuenta varios puntos de vista: el del alumno y el de los adultos implicados pertenecientes a las instituciones implicadas. En definitiva, todos los implicados en el proyecto deben tener voz en la evaluación para que sea eficaz.

En el caso de este proyecto se ha producido un seguimiento del alumnado durante el proceso a través del diario de trabajo y momentos de reflexión en el aula. También los alumnos han llevado a cabo una actividad de evaluación con cierta profundidad que permite identificar fortalezas y debilidades. Por otra parte, el profesorado podemos decir que ha llevado a cabo la evaluación a través de este documento.

7. El proyecto de aprendizaje servicio necesita un momento de cierre y difusión.

Para que el proyecto pueda darse por terminado, es necesario llevar a cabo una pequeña celebración del aprendizaje en la que los beneficios que todos han conseguido en el proyecto queden manifiestos. Además, es importante hacer público a través de medios de comunicación la experiencia y los resultados.

Si tomamos todo lo dicho en consideración e intentamos ahora aplicar la rúbrica de evaluación global (Puig, 2015: 180), tras llevar los resultados a un gráfico de tela de araña el resultado es el siguiente:

A la vista de los resultados podrían identificarse una serie de puntos fuertes y una serie de debilidades a tener en cuenta en el proyecto presentado:

Como puede verse el punto fuerte de nuestro trabajo ha sido especialmente el reconocimiento y la difusión de trabajo realizado. En un segundo momento podríamos destacar también positivamente la claridad con la que se han establecido las actividades de servicio y los objetivos curriculares con los que ha estado conectada, la importancia del trabajo en equipo para que la actividad salga adelante y los momentos de reflexión-evaluación.

En cuanto a elementos dignos de mejora es necesario destacar los procesos de establecimiento de necesidades, buscar desarrollar un partenariado que abra la acción a la sociedad y una mayor participación del alumnado en todo el proceso organizativo. Estos serían los grandes retos para mejorar la propuesta.

Discusión y conclusiones

La introducción del APS en el Colegio Mater Dei es un reto desde hace varios años, sin embargo, con este proyecto, hemos comenzado a hacer realidad este desafío. Como en tantos centros educativos, en este colegio se han llevado a cabo numerosas actividades de servicio como voluntariados, acompañamiento o visitas a personas mayores, campañas solidarias tanto económicas como materiales, etc. sin embargo es necesario convertir tales acciones en acciones también de aprendizaje curricular para darles más valor educativo. Como dice Roser Batlle: "En nuestro país existe una larga tradición de escuelas abiertas a la comunidad, que impulsan frecuentemente proyectos solidarios, de medio ambiente, de cooperación al desarrollo, de conservación del patrimonio... El APS los pone en valor, al completar la acción solidaria con el vínculo curricular (Batlle, 2011: 51).

El Centro pone pues en práctica actividades de servicio y voluntariado, pero no se ha encontrado el momento para convertirlas también en actividades conectadas con el currículo. Para los próximos cursos se espera poder generalizar la práctica del APS de forma que se extienda a todos los niveles educativos. Si este que hemos descrito ha sido un primer paso, otras actividades que no deberían resultarnos complicadas convertir en APS serían, por ejemplo, en educación primaria, una tarea que lleva muchos años realizándose con un centro de personas mayores que se encuentra a escasos kilómetros del colegio a los que se va a visitar por Navidad. Por otra parte, en ESO, es muy probable que puedan establecerse vínculos con el grupo Scout que el centro educativo lleva ya varios años desarrollando actividades, como ha puesto de manifiesto Jaume Trilla, el escultismo puede resultar una institución muy adecuada para desarrollar APS (Puig, 2009: 47). El desarrollo de APS en todos los niveles educativos del centro justificaría sobradamente una presencia destacada de esta metodología en el proyecto educativo de centro, lo que permitiría crecer, por ejemplo, en uno de los puntos que se han valorado en la evaluación y colocar al centro más cerca de ese nivel deseado de integración máxima del APS en la vida del colegio.

Referencias bibliográficas

Batlle, R. (2011). ¿De qué hablamos cuando hablamos de aprendizaje-servicio? *Crítica*, 972, 49-54.

Batlle, R. (2013). *El aprendizaje-servicio en España: el contagio de una revolución pedagógica necesaria.* Madrid: PPC.

Páez Sánchez, M. y Puig Rovira, J.M. (2013). La reflexión en el aprendizaje-servcio. *Revista internacional de educación para la justicia social*, 2(2), 13-32.

Puig, J.M. y otros. (2007). *Aprendizaje servicio. Educar para la ciudadanía.* Barcelona: Octaedro

Puig, J.M. (Coord.) (2009). *Aprendizaje servicio (APS). Educación y compromiso cívico.* Barcelona: Graó.

Puig, J.M. (Coord.) (2015). *11 ideas clave. ¿Cómo realizar un proyecto de aprendizaje servicio?* Barcelona, Graó.

Este libro se terminó de elaborar en abril de 2018
en la ciudad de Sevilla, bajo los cuidados de
Francisco Anaya, Director de Egregius Ediciones.